크리스천, 책임을 생각한다

크리스천, 책임을 생각한다

지은이 · 원용일
초판 발행 · 2016. 2. 22

등록번호 · 제1988-000080호
등록된 곳 · 서울특별시 용산구 서빙고로 65길 38
발행처 · 사단법인 두란노서원
영업부 · 2078-3352 FAX 080-749-3705
출판부 · 2078-3331

책 값은 뒤표지에 있습니다.
ISBN 978-89-531-2511-7 03230

편집부에서 독자의 의견을 기다립니다.
tpress@duranno.com   http://www.Duranno.com

두란노서원은 바울 사도가 3차 전도여행 때 에베소에서 성령 받은 제자들을 따로 세워 하나님의 말씀으로 양육
하던 장소입니다. 사도행전 19장 8-20절의 정신에 따라 첫째 목회자를 돕는 사역과 평신도를 훈련시키는 사역,
둘째 세계선교(TIM)와 문서선교(단행본·잡지) 사역, 셋째 예수문화 및 경배와 찬양 사역, 그리고 가정·상담 사
역 등을 감당하고 있습니다. 1980년 12월 22일에 창립된 두란노서원은 주님 오실 때까지 이 사역들을 계속할
것입니다.

크리스천, 책임을 생각한다

원용일 지음

두란노

목차

여러 해 전, 욥기 31장과 잠언 31장 등에서 일터 사역에 관한 메시지를 발견하고 사역자들과 함께 나눈 적이 있다. 그때의 간단한 나눔이 이렇게 멋진 책으로 발전하리라고는 미처 생각하지 못했다. 오히려 세상이 교회를 걱정하는 시대에 '크리스천의 책임'의 관점으로 성경의 메시지에 접근한 것이 시의적절하다. 원용일 목사님과 오래 사역했지만, 필요한 말씀을 찾아서 연구하고 그것을 일하는 사람들에게 실제로 유익하도록 풀어내는 성경 해석의 재능을 새삼 확인했다.

이 책은 일터의 현장에서 일하는 모든 사람에게 크리스천의 '삶과 일에 대한 책임'의 원리를 보여 준다. 익숙한 단어는 아니지만 '책임의 영성'이라고 말할 수 있겠다. 동시에 일하는 성도들을 섬기기 원하는 사역자들에게 하나님 말씀을 연구해서 적용하는 방법을 가르쳐 줄 수 있을 것이다. 직장인들과 기업인들뿐 아니라 목회자들에게도 유익할 것 같다.

방선기 직장사역연합 대표

우리가 사는 세상을 바라보고, 한국 교회를 생각할 때 마음이 많이 아프다. 어디서부터 얽히고설킨 실타래를 풀어야 하나 고민스럽다.

이 책에서는 하나님의 창조 사역의 지상 대리인인 크리스천의 '책임 의식'을 제시한다. 원용일 목사님은 나와 함께 신학교에 다닐 때부터 문화와 일터와 환경 등 흩어진 교회에 관심이 많았다. 신학교 졸업 후 20년이 넘도록 일터 사역을 계속해 온 것이 나는 이해가 된다.

이 책은 특히 일하는 크리스천의 책임 있는 태도를 다룬다. 서문에서 교회는 교인들이 세상에서 책임을 다하는, 탁월한 능력을 가진 크리스천이 되게 할 책임이 있다고 지적한다. 목회자로서 이 지적에 공감한다. 직장인뿐 아니라 경영자, 나아가 가족의 책임까지 다룬 부분도 흥미롭다. 다음 세대를 세워야 하는 고민이 많은 시대에 계승과 유산의 책임을 강조한 부분도 깊이 공감한다. 각 부의 끝에 있는 적용 거리도 구체적이고 유용하다. 청년들이나 직업을 가진 교인들의 토의용 교재로 유익할 것 같아서 적극 추천한다.

이찬수 분당우리교회 담임목사

일터 크리스천의
세상을 향한 책임 의식

직장 신우회를 오래 섬기다 보니 종종 경험하는 일이 있다. 평소에 잘 참석하지 않던 회원들을 초대해 송년 모임 형식으로 연말 행사를 마련하면, 예배 후 교제의 시간을 가질 때 여러 사람들이 하는 공통의 인사가 있다.

"제가 교회 나가는 거 잘 모르셨죠?"

교회 나가는 것을 동료들뿐 아니라 신우회원들에게도 꽁꽁 감추고 있다가 그 자리에서 일종의 커밍아웃(?)을 하는 것이다. 앞에서 그렇게 인사했으면 다르게 인사할 법도 한데, 여러 사람들이 웃으면서 그렇게 인사하고 참석한 다른 사람들도 웃어 주곤 한다.

고려대학교에서 경영학을 가르치시던 고 김인수 교수님이 직장인들의 근무 태도에 영향을 주는 요인들을 조사한 자료를 본 적이 있다. 그 요인들은 연령, 성별, 학력, 출신 지역 등이었다. 기독교 신앙은 근무 태도에 전혀 영향을 미치지 않았다. 의외의 결과였다. 크리스천들이 일터에서 일할 때 주님께 하듯 일하려는 의지가 없고, 그런 모습이 동료들의 눈에도 보였다는 뜻이 아니겠는가! 기독교 신앙을 갖지 않은 사람들에게 당신들과 함께 일하는 크리스천 동료들을 어떻게 평가하느냐고 질문했더니 '얌체'라고 답한 경우가 많았다. 희생하고 양보해야 할 부분에서는 자기 권리만 찾고, 정작 의무로 감당해야 할 일에서는 빠지거나 전혀 솔선수범하지 않는다면 얌체라는 비난을 받을 수 있겠다 싶었다.

요즘 한국 교회가 세상의 걱정거리가 된 상황에서, 세상이 기독교와 크리스천들을 지나치게 비난하고 몰아댄다고 반박하는 이들이 있다. 그러나 우리가 반성할 부분이 틀림없이 있다. 크리스천들이 세상 속에서 책임을 다하지 않고, 그저 교회 안에서만 서로 소금 뿌리고 촛불 밝혀 놓고 만족하는 것은 일종의 성속이원론의 폐해다.

예수님의 말씀대로 우리는 세상 속에 파송받은 제자다. 사도 바울이 우리의 정체성을 잘 표현해 준다. 그는 빌립보 교회의 성도들에게 우리의 시민권은 하늘에 있다고 말한다(빌 3:20상).

바울은 당시 로마 제국의 유력한 도시에 살면서 자부심을 느끼고 있던 성도들에게 로마 시민권과 비교하여 눈에 보이지 않는 하나님 나라의 시민권에 대해 언급했다. 로마 시민권보다 더욱 고귀한 가치가 하나님 나라의 시민권에 있음을 암시하는 것이다.

예수님이 "가이사의 것은 가이사에게, 하나님의 것은 하나님께 바치라"(마 22:21)고 하신 것처럼, 두 나라에 대한 정체성은 두 가지 의무를 다하도록 요구한다. 오늘 세상에서 직업을 갖고 살아가는 일터 크리스천의 정체성도 바로 이 두 나라의 정체성이다. 사도 베드로의 말을 빌리면, '세상 속에 흩어진 나그네'(벧전 1:1)인 것이다. 우리는 깊은 산속에 들어가서 수도하면서 사는 사람들이 아니다. 우리는 세상 속에서 살아간다.

오늘 크리스천들이 이런 중요성을 인식하지 못하는 원인은 무엇일까? C. S. 루이스와 동시대를 살았던 영국의 문학가이자 신학사상가인 도로시 세이어즈(Dorothy L. Sayers)의 책을 읽고 공감한 부분이 있다. 세이어즈 는 지속적인 대량생산을 위해 끝없이 소비를 자극하는 현대사회의 현실을 비판하면서 "이런 현실과 관련하여 교회가 저지른 잘못 가운데 세속 직업 을 제대로 이해하지 못하고 중시하지 않은 것만큼 심각한 문제는 없을 것" 이라고 말한다. 그녀는 교회의 본분에 대해 이렇게 지적한다.

> "일꾼들이 그리스도인이 되게 하고 그들이 하나님께 하듯 자기 일을 훌 륭하게 해내도록 하는 것이다. 그러면 그것이 교회 장식이든, 하수 처리 든 모두가 기독교 사역이 될 것이다. … 그리고 교회는 일의 아름다움 이 그 일 자체로 평가되는 것이지, 교회의 표준에 의해 평가되는 것이 아님 을 명심해야 한다"[도로시 세이어즈, 《기독교 교리를 다시 생각한다》(Letters To A Diminished Church, IVP, 2009. 137, 140쪽)].

20세기 전반기에 살았던 그녀가 답답한 교회의 현실에 대해 지적하며 제시한 대안을 한마디로 요약하면 이렇게 말할 수 있다.
"교회여, 탁월한 크리스천들이 그들의 일로 하나님을 섬기게 하라!"
이 지적이 오늘 한국 교회에도 유효하지 않을까?
나는 그동안 일터 사역을 해 오면서 여러 세미나와 콘퍼런스에 일 잘 하고 전도 잘하는 평신도 사역자들을 종종 섭외했다. 그런데 도로시 세이 어즈는 한 크리스천이 일을 통해 하나님께 영광 돌리고 있다면, 종교적 모임에 강사로 초빙하면서 그 사람의 주의를 분산시키지 말라고 한다.

그런 엉뚱한 기술을 익히느라 본연의 일에 집중하기 힘들기 때문이다. 목회자의 중요한 사명은, 일하는 성도가 그 일을 최대한 잘할 수 있도록 자유를 확보해 주는 것이라고 말한다(《기독교 교리를 다시 생각한다》, 142쪽).

사람들에게 간증과 강의를 통해 도전을 줄 수 있으려면, 자신이 하는 일을 잘해야 최소한의 자격이라도 주어진다고 생각하는 것은 당연하다. 그런데 그들이 계속 일을 통해 하나님을 섬길 수 있도록 배려해야 한다는 것은 미처 생각하지 못했다. 그렇다면 앞으로 어떤 강사를 초빙해야 할지, 갑갑하다. 그러나 하나님 나라를 세우는 책임을 고려한다면, 고민해야 할 문제다. 문제는 오늘날 일터에서 일을 탁월하게 잘하는 크리스천 직장인들이 많지 않다는 것이다. 그래서 이 책에서는 크리스천의 세상 속 사명과 크리스천의 책임에 대한 근본적인 문제를 함께 나누려고 한다.

그렇다면 크리스천의 책임의 근거는 어디서 찾을 수 있는가? 창조주이신 하나님은 세상 만물을 만드셨고, 특히 인간을 창조하신 여섯째 날에 복을 주셨다(창 1:26~31). 하나님은 사람에게 생육하고 번성하며 하나님이 만들어 놓으신 모든 피조물을 다스리라고 명령하셨다. 우리는 창조주 하나님의 창조 사역을 지속할 지상 대리인의 책임을 부여받았다. 우리는 온 세상의 왕이신 하나님의 창조 명령을 수행해야 한다.

> "하나님이 이르시되 우리의 형상을 따라 우리의 모양대로 우리가 사람을 만들고 그들로 바다의 물고기와 하늘의 새와 가축과 온 땅과 땅에 기는 모든 것을 다스리게 하자 하시고 하나님이 자기 형상 곧 하나님의 형상대로 사람을 창조하시되 남자와 여자를 창조하시고 하나님이 그들에게 복을 주시며 하나님이 그들에게 이르시되 생육하고 번성하여 땅에 충만

하라, 땅을 정복하라, 바다의 물고기와 하늘의 새와 땅에 움직이는 모든 생물을 다스리라 하시니라"(창 1:26~28).

우리는 하나님의 형상으로 창조되었기에 하나님을 대신해 사명과 책임을 수행해야 한다. 하나님이 우리에게 복 주셔서 세상을 정복하고 다스릴 특권을 주셨기 때문이다. 이런 왕의 책임은 창세기 2장 15절에 구체적으로 나타난다.

"여호와 하나님이 그 사람을 이끌어 에덴동산에 두어 그것을 경작하며 지키게 하시고."

여기에서 '경작하며 지키게' 하셨다는 말씀이 우리의 책임을 구체적으로 보여 준다.

'경작하다'는 하나님을 섬기듯 세상을 섬기는 것을 뜻한다. 히브리어 '아바드'(עבד)는 '섬기다'라는 뜻인데, 하나님을 섬긴다는 뜻이기도 하고, 사람들에게 봉사한다는 뜻이기도 하다. 영어 단어 'service'도 하나님을 향한 예배를 뜻하고, 동시에 사람을 향한 봉사를 뜻한다.

'지키게 하다'는 안전하게 보호하고 돌보는 책임을 뜻한다. 히브리어 '샤마르'(שמר)는 '안전하게 지키다'라는 뜻인데, '보호와 돌봄'을 의미한다. 어떤 것을 헌신적으로 보살필 가치가 있는 것으로 진지하게 대한다는 의미를 담고 있다. 이런 책임은 오늘날 일반 경영계에서도 강조하는 기업의 사회적 책임(Corporate Social Responsibility)과 연관되어 있다. 하나님이 본래 인류에게 주신 사명에 기업들이 관심을 갖고 실천하는 것은 고무적인 현상이 아닐 수 없다. 하나님의 일반 은총의 한 역할을 보여 주는 것이다.

결국, 크리스천의 세상을 향한 책임은 왕의 사명이면서 동시에 '종의 사명'이라고 할 수 있다. 이것은 생소한 개념이 아니다. 만왕의 왕이신 예수님이 종의 모습으로 이 땅에 오셔서 인류를 위해 대속의 사역을 감당하셨기 때문이다.

데이브 북리스(Dave Bookless)는 그의 책《Planetwise: Dare to Care for God's World》(IVP, 2008)에서 인간의 책임인 왕과 종의 사명을 '직무기술서'라고 표현한다. 하나님을 예배하고 섬기며 창조 세계를 돌보는 것이 인간의 정체성이라는 것이다[크리스토퍼 라이트,《하나님 백성의 선교: 하나님의 백성을 위한 사명선언서》(The Mission Of God's People), IVP, 2012. 57~61쪽].

10년쯤 된 것 같은데, 직장사역연합의 방선기 목사님이 사역자들의 모임에서 성경 각 권 중 31장에 비즈니스와 관련된 내용이 많은 것을 지적해 주셨다. 창세기 31장에서 야곱이 라반을 떠나는 장면, 욥기 31장에서 욥의 비즈니스맨으로서의 양심선언과 비즈니스 윤리에 해당되는 부분, 잠언 31장의 여성 직장인의 모습 등이었다. 그렇게 관심을 가지고 성경을 공부하다 보니 여러 성경에 일터 크리스천들의 책임에 관해 지적하는 부분들이 눈에 들어왔다.

물론 신약성경에는 31장까지 기록된 성경이 하나도 없다. 구약에만 몇몇 성경들이 이에 해당되는데, 이 책에서는 창세기, 출애굽기, 신명기, 욥기, 잠언의 31장을 다루려고 한다.

특히 이 다섯 장의 성경을 비즈니스 책임(Business Responsibility)의 관점으로 다루는 '크리스천 책임 학교' 워크숍을 지난해 11월에 직장사역 연구소에서 열었다. 그때 만든 워크북을 근거로 이 책을 준비하게 됐다. 특히 하나님이 창조하신 이 세상에 대한 크리스천의 사명에 대해 직장인의 관점에서 다뤘다. 전업주부도, 취업을 준비하는 취준생도, 은퇴 후 노후를 보내는 사람들도 직업과 관련된 사람이라면 모두 직장인이다. 이 책에서는 직업을 통해 책임을 다하는 크리스천의 삶을 7개의 주제로 다루고자 한다.

Part 1에서는 주일에 모인 교회와 흩어진 교회를 잘 인식하고, 예배와 안식을 하는 주일 성수의 책임을 다룬다(출 31장). Part 2에서는 월요일에도 과연 우리는 세상에서 크리스천인지, 일터에서 하나님의 영이 충만하게 일하고 살아가는 책임을 다룬다(출 31장). Part 3에서는 잠언 31장의 르무엘 왕의 어머니인 태후가 아들 왕에게 주는 교훈을 통해 하나님 나라의 왕으로서 가져야 할 구별된 가치관과 세상 문화 속의 크리스천의 책임을 다룬다(잠 31장). Part 4에서는 왕의 성별 대역인 왕비, 즉 현숙한 여인의 미덕과 가치를 여성 직업인만은 아닌 포괄적 의미에서의 책임으로 다룬다. 또한 일을 향한 몰입과 나눔, 하나님을 경외하는 믿음에 대해 살펴본다(잠 31장). Part 5에서는 당대의 경영자였던 욥의 비즈니스 윤리 선언을 통해 직업윤리의 책임을 고찰해 본다(욥 31장). Part 6에서는 노사 관계가 원만치는 못한 우리 현실에서 야곱과 라반의 관계, 그리고 그의 가족들의 상황에서 노-사-가 합의를 통해 책임을 다하는 것을 살펴본다(창 31장). Part 7에서는 다음 세대를 세우는 계승과 유산의 책임에 대해 살펴본다. 세상에서 하나님의 비전을 추구하며 살아가는 참된 가치를 우리의 자녀들과 일터의 후배들에게 물려주는 참된 유산의 의미를 살피며 사람을 남기는 사명의 중요성을 함께 나눈다(신 31장).

마지막으로 이 책의 내용은 여러 예배와 성경 공부 모임에서 나눴다. 동양물산기업(주)과 제이에스건설(주)의 직장 예배, 한국기독실업인회 서남지회와 종로·열린y지회의 성경 공부 모임, 애보트·애브비 신우회와 한국광해관리공단 선교회의 예배에서 여러 직장인들과 함께 크리스천의 책임에 대해 고민하는 기회를 가졌다.

늘 깨우쳐주시는 하나님께 모든 영광을 올려드리며, 아무쪼록 이 책이 치열한 일터 현장에서 분투하는 직업인들은 물론이고, 이 땅에 발붙이고 사는 모든 크리스천들의 세상 속 책임에 문제의식을 가지고 실천하게 하는 일에 도움이 되기를 기도한다.

2016년 2월

원용일

Part 1

크리스천의 책임 ①

안식은 주 안에서
나를 멈추는 것이다

1.
모인 교회에서
흩어진 교회로 나가라

"노동 뒤의 휴식이야말로 가장 편안하고 순수한 기쁨이다." -임마누엘 칸트(Immamuel kant)

직장에서 사목으로 있다 보니 직원들과 이야기를 나눌 기회가 종종 있다. 일터에서 드리는 예배도 있긴 하지만, 교회로 인도할 만한 직원들에게 주일 아침을 어떻게 보내느냐고 묻곤 한다. 그러면 보통 늦게까지 잔다는 대답을 많이 한다. 특히 미혼의 젊은 직원들은 약속이 있어서 일찍 나가는 때가 아니면 늦잠을 자는 경우가 대부분이다. 그래서 믿지 않는 사람들이 주일 오전 예배에 참석하는 일이 쉽지 않겠다는 생각을 전부터 하였다. 물론 큰 교회는 오후에도 주일 예배를 드리긴 하지만, 이는 일반적인 교회의 상황은 아니다. 적어도 생활 습관이 바뀌지 않는 한 주일 오전에 교회에 출석하는 일은 쉽지 않을 것이다.

그러면 크리스천들은 어떤가? 주일 아침이 되면, 어떤 날보다 상쾌하게 눈떠서 기쁘고 설레는 마음으로 교회로 향하는가? 예배와 쉼을 누리는 날인 주일에 그야말로 참된 안식을 누리고 있는가? 한 주간을 또 힘차게 보낼 수 있는 힘을 주일에 예배와 휴식을 통해 충전하는가? 교회의 여러 부서에 관여하며 봉사하고 섬기는 크리스천들에게는 꿈과 같은 이야기일 수도 있다. 과연 어떻게 하는 것이 바람직하게 주일을 보내는 모습일까?

주일의 위치와 존재를 확인하라

주일에 어떤 일을 어떻게 하고 무엇을 금해야 한다는 목록을 작성하는 것보다 더 중요한 것은, 주일의 위치와 존재를 확인하는 것이다. 우리는 세상에서 영적 순례의 길을 걷는다. 주일 역시 우리 인생의 순례 과정 중 하나다. 그렇다면 주일은 어떤 의미를 갖는지 살펴보자.

이스라엘 백성의 출애굽 이후의 광야 여정을 기록한 출애굽기에 4곳의 지명이 나오는데, 이는 우리 인생의 과정과 주일의 의미를 상징적으로 보여 준다.

출애굽기 15장 22~27절을 보면 홍해, 수르, 마라, 엘림, 이렇게 4곳의 지명이 나온다. 첫 번째 지명은 '홍해'다. 앞에는 넘실거리는 홍해가 있고, 뒤에서는 분노한 애굽 군대가 추격해 오는 진퇴양난의 상황에서 하나님이 홍해를 가르셨다. 그곳에서 이스라엘 백성은 구원받았고, 세계 최강 애굽 군대의 주력이 물고기 밥이 되었다. 우리도 예수 그리스도를 인생의 주인으로 모셨다면 이런 감격적인 홍해를 경험한 것이다. 크리스천의 인생은 여기서 새로운 출발을 하게 된다.

홍해를 건넌 후 이스라엘 백성이 맞닥뜨린 곳은 수르 광야였다. '수르'(shur)는 '벽'이라는 뜻이다. 애굽 사람들이 중동 지역의 팔레스타인 사람들과 동방 종족의 외침을 막기 위해 방어용 장벽을 세워 놓은 것이다. 장벽들이 우뚝 솟아 있는 수르 광야 길을 걸으면서 이스라엘 백성은 어려움을 겪었다. 광야를 사흘이나 걸었는데도 물이 없었다. 짐승들이 픽픽 쓰러지고 아이들은 보챘을 것이다. 그 상황이 어른들이라고 견디기 쉬웠겠는가?

인생에서 수르 광야를 경험하고 있는가? 직장에서, 가정에서, 교회에서, 여러 관계 속에서 어려움이 있는가? 그렇다면 그것은 수르 광야다. 우리의 인생길이다.

사흘째 되는 날, 지칠 대로 지친 사람들이 한곳에 이르렀는데, 그곳에서는 그들이 겪는 문제가 해결될 것처럼 보였다. 이스라엘 백성이 도착한 곳은 '마라'(marah)였다. 그러나 그곳의 물은 썼다. 마시면 구역질이 나고 갈증이 심해졌다. 그러자 이스라엘 백성은 원망을 쏟아 놓았다. 혹시 지금 인생길에서 마라에 와 있는가? 일이 꼬이고 더욱 악화되고 있다면 꼭 해야 할 일이 있다. 하나님께 부르짖어야 한다. 이스라엘 백성처럼 원망하는 대신 하나님께 부르짖어야 문제가 해결된다. 모세가 하나님께 부르짖자 하나님은 한 나무를 지시하셨다. 모세가 그 나무를 던지자 마라의 쓴 물이 달아졌다. 부르짖어야 하나님의 놀라운 치료의 은혜를 받는다.

그리고 또 하나 중요한 것은, 우리 인생의 단계에 '엘림'(elim)이 있다는 것이다. 마라를 지난 이스라엘 백성이 엘림에 도착해 보니, 그곳에는 물 샘 12개와 종려나무 70그루가 있었다. 마침내 그들은 충분하게 쉴 수 있는 곳에 이르렀다. 우리 인생이 치열하지만, 그렇다고 늘 그런 것만은 아니다. 쉬는 때도 있다. 엘림에서는 쉬어야 한다. 제대로 쉬지 못한 사람은 제대로 일할 수 없기 때문이다.

우리가 매주 맞는 주일은 바로 '엘림'과 같다. 홍해와 수르와 마라를 치열하게 지나온 사람은 엘림에서 하나님이 주시는 은혜를 누리며 쉴 수 있다. 엘림에서는 그간 걸어온 길을 돌아보게 된다. 홍해의 감격을 되새겨 보고, 수르와 마라에서 겪은 고통과 좌절과 실패를 반추해 본다. 그 과정 속에 개입하신 하나님의 은혜와 응답에 감사하며 찬송할 수 있다. 우리는 주일에 예배에 참석하여 이런 과정을 거쳐야 한다. 이렇게 엘림을 겪다 보면, 장차 가게 될 천국에서 영원한 엘림의 안식을 누리게 될 것이다.

주일과 평일의 균형과 조화

우리는 한 주 동안 일터와 가정과 세상살이에서 분주하게 노력하다가 주일에 교회에 가서 하나님께 예배드리며 교제하고 즐거움을 누린다. 이는 크리스천이라면 너무나 당연한 것이다. 교회 공동체의 구성원들이 모여서 하나님께 예배하고 교제하며 서로 섬기는 일은, 우리가 늘 관심을 갖고 추구해야 할 일이다. 주일을 다른 날보다 하찮게 여기거나 아무런 구별 없이 생각하면 안 된다. 주일은 하나님의 창조를 기념하는 안식일의 정신과 예수 그리스도가 우리의 죄를 위해 죽임 당하시고 부활하신 구원의 은혜가 함께 녹아 있는 기념일이기 때문이다. 매 주일 우리는 예배와 교제와 봉사와 섬김을 통해 하나님께 영광 돌리고 충전받아야 한다. 또한 안식할 수 있어야 한다. 그래야 또다시 나갈 수 있는 것이다.

이스라엘 백성이 그랬듯, 늘 엘림에만 머물러서는 안 된다. 다시금 광야로 나가야 한다. 그곳에서 또 다른 수르와 마라를 경험하고 요단 강도 건너야 한다. 한 주간의 평일에 어떤 정신과 자세로 살아야 하는지, 어린 시절의 예수로부터 배워 보자.

예수님이 열두 살 되던 해의 유월절에 온 가족이 예루살렘 성전을 방문했다. 유월절 절기를 지키고 돌아오는 길에 어린 예수는 홀로 성전에 머물렀다. 가족들은 그것을 모르고 떠났다가 하룻길을 간 후 되돌아와서 예수를 만났다. 마리아는 아들 예수에게 왜 그렇게 행동해서 근심을 끼쳤는지 물었다(눅 2:48). 그러자 소년 예수는 반문했다.

"어찌하여 나를 찾으셨나이까 내가 내 아버지 집에 있어야 될 줄을 알지 못하셨나이까"(눅 2:49).

예수님의 이 말씀은 요셉과 마리아가 이해하지 못할 정도로 심오했다. 성전에서 율법 선생들과 토론하는 어린 예수의 지혜에 사람들이 놀란 것처럼 이미 예수님은 메시아로 오신 하나님의 아들의 면모를 보이셨다.

하나님의 아들이신 예수님이 성전에 머물러서 율법에 대해 랍비들과 토론하신 것은 너무도 당연하다. 그런데 중요한 사실이 하나

더 있다. 예수님은 성전에서 벌어진 그 사건 이후 부모님과 함께 고향으로 내려가셨다. 그리고 고향에서 부모님에게 순종하셨다. 예수님이 보이신 이 모범이야말로 오늘 우리에게 시사하는 바가 크다. 아버지 집에 머물러 있는 날만 의미 있는 것이 아니라, 세상에서 일상의 삶을 살아가는 것 역시 중요하다는 사실을 보여 주는 것이다.

이런 에피소드를 기록한 이후에 누가는 예수님의 성장 과정에 대해 이렇게 묘사한다.

> "예수는 지혜와 키가 자라 가며 하나님과 사람에게 더욱 사랑스러워 가시더라"(눅 2:52).

하나님의 아들이신 예수님이었지만, 세상에서 살아갈 때 하나님과의 관계에만 신경 쓰고 하나님께만 사랑스러웠던 존재가 아니었다. 지혜, 육신의 건강, 그리고 사람들과의 인간관계도 분명하게 세우면서 성장하셨다. 사람들에게도 더욱 사랑스러워 가셨다.

예수님처럼 주 중에는 흩어진 교회의 삶을, 주일에는 모인 교회의 삶을 살면서 조화를 이루는 믿음이 오늘 우리에게도 필요하다. 우리는 주일에만 모인 교회에서 안주하고 있으면 안 된다. 주 중에는 흩어진 교회로 나가야 한다.

주일과 평일의 균형과 조화가 참 중요하다. 이것은 주일을 어떻게 보내느냐, 바람직한 주일 성수를 하느냐 마느냐의 문제보다 더 중요하다. 주일을 제대로 인식하고 있어야 삶에 대한 크리스천의 책임을 다할 수 있다.

모인 교회에서 흩어진 교회로

몇 년 전 대전에 있는 한 교회에서 만난 목사님은 교회 홈페이지에 담임목사의 매우 이채로운 교회관을 피력했다. 크리스천은 두 교회에 다녀야 하는데, 눈에 보이는 지역 교회와 세상 속 교회라는 것이다. 가정, 학교, 직장, 즉 성도들이 발을 딛고 살아가는 삶의 현장 또한 하나의 교회이며, 따라서 담임목사도 둘이라고 했다. 모인 교회의 담임목사는 자신이지만 세상 교회, 즉 흩어진 교회의 담임목사는 교우들이라고 했다. 모인 교회에서 말씀의 능력과 은혜를 충전하고 훈련받아서 세상 교회에 나가 사역해야 한다고 했다.

또 한 분, 인천에 있는 동춘교회를 담임하는 윤석호 목사님이 직장인들을 위한 세미나 후 교우들에게 내용을 요약하여 설명한 교회관이 매우 인상적이었다. 윤 목사님은 하나님이 만드신 세상에는 중요한 3개의 기관이 있다면서 이야기를 꺼냈다. 그 기관은 일터와 가정과 교회인데, 그중 첫째는 가정이고, 둘째는 일터다. 일터를 하나님이 보내신 사역지로 알고 잘 세워 나갈 때, 하나님이 주신 사명을 다하는 것이라고 강조했다. 세 번째 기관은 바로 교회다. 교회는 성도가 가정과 일터에서 하나님의 사람으로 살아갈 수 있도록 양육하고 훈련하는 역할을 하는 기관이라고 정의했다.

"교회는 성도들을 훈련시켜서 세상으로 파송하여 하나님의 사람으로 살아가게 하는 하나님의 기관이다."

나의 강의를 이렇게 명쾌하게 정리해 주니 속이 다 후련했다.

크리스천의 삶의 마당은 바로 세상이다. 그래서 종교개혁자 마르틴 루터와 그의 후예들은 주일 오전에 예배를 마치면 교회의 출입문

24

을 잠그는 일종의 '폐문 의식'을 했다고 한다. 교회 기물을 훔쳐 가는 좀도둑들을 막기 위한 조치가 아니었다. 폐문 의식을 했다고 주 중에는 전혀 교회 문을 열지 않은 것도 아니었다. 이것은 상징적인 의식이었다.

여기에는 어떤 뜻이 담겨 있을까? 바로 세상 속 크리스천의 책임에 관한 중요한 의미를 담고 있다. 모인 교회에서 하나님께 예배드리고 교제하며 위로받고 힘을 얻었으니, 이제 흩어진 교회로 나가라는 파송의 의미였다. 교회의 대표 선수로 세상에 나가 주 중에 치열한 분투를 하다가 주일에는 다시 모인 교회로 오는, 성도의 사명과 책임에 관한 의식이었다.

개신교인들은 바로 이런 야성(野性)을 가진 선배들의 후예다. 결코 세상에 주눅 들지 않고, 오히려 세상을 변화시키기 위해 인생의 역량을 세상에 집중하는 당찬 크리스천들이다. '하나님 앞에서' 살아가는 신전(神前) 의식과 더불어 세상으로 향하는 파송 의식이 종교개혁자들의 중요한 사상이었다.

중요성을 따지는 것은 무의미하지만, 모인 교회에서 드리는 예배와 흩어진 교회에서 드리는 삶의 예배는 결코 다르지 않다. 오늘날 주일에는 예배를 잘 드리지만, 월요일부터 시작되는 삶의 예배에서는 책임을 다하지 않는 이원론적 크리스천들이 많다. 그래서 오늘날 교회가 세상의 지탄을 받고 있는 것 아니겠는가? 우리의 몸을 '하나님이 기뻐하시는 거룩한 산 제물'(롬 12:1)로 드리는 영적 예배는 주일뿐 아니라 언제라도 드릴 수 있어야 한다. 이것이 진정한 주일의 의미다.

2.
당신은 쉬기 위해 일하는가?
일하기 위해 쉬는가?

"야훼는 애굽 왕 바로에게 요구하신다. '내 백성을 쉼도 없이 결국 폭력으로 빠트리는 이 시스템 밖으로 내어 보내라. 그들을 이 끝없는 생산 시스템에서 떠나보내고, 언약의 신실함이 존재하는 세상으로 들여보내라.'" -월터 브루그만 (Walter Brueggemann)

출애굽기 31장을 보면, 하나님이 성막의 제작에 대해 말씀하시고 (1~11절), 시간의 거룩함인 안식일에 대한 교훈을 주신(12~17절) 후, 말씀을 마치셨다(18절). 하나님이 시내 산에서 주신 율법의 내용이 출애굽기 20~31장에 기록되어 있다. 앞부분에서 하나님은 십계명의 내용을 말씀하신 후, 율법의 규정, 절기에 관한 법, 성막을 짓는 일에 대한 구체적인 설계도를 지시하셨다. 그리고 하나님의 영이 충만한 사람들을 지명하여 성막의 제작을 맡기셨다. 율법의 마지막 부분에서는 안식일에 대해 다시 한번 명령하셨다. 성막을 제작할 사람들을 특별하게 택하시고, 안식을 한 번 더 명령하시면서 율법의 내용을 마감하신 하나님의 의도는 무엇일까?

이는 자연스러운 결말이라고 볼 수 있다. 성막은 거룩한 '공간'이다. 즉, 공간 속에서 하나님의 거룩함을 보여 주는 곳이다. 또한 안식일은 '시간' 속에서 하나님의 거룩한 속성을 드러내는 제도다. 공간과 시간을 통해 하나님의 거룩함을 드러내는 것은 하나님이 주신 율법의 목적과 부합된다.

또한 성막과 안식일은 하나님의 임재를 상징한다. 성막은 구속의 언약을, 안식일은 창조의 언약을 보여 준다. 이는 인류를 향한 하나님의 언약을 보여 주는 것이다. 물론 획일적으로 구분되는 것은 아니지만, 성막과 안식일은 각각 구속과 창조의 언약을 보여 준다. 하나님의 영이 충만한, 거룩한 삶의 장소인 '성막'과 거룩한 삶의 시간인 '안식일'을 하나님은 균형 있게 강조하신다.

공간과 시간이라는 삶의 현장에서 어떻게 거룩을 실천할 수 있을까? 어떻게 성령 충만할 수 있을까? 책임의 관점에서 함께 생각해 보자.

안식일에 대해 하나님은 이렇게 말씀하셨다.

> "너는 이스라엘 자손에게 말하여 이르기를 너희는 나의 안식일을 지키라 이는 나와 너희 사이에 너희 대대의 표징이니 나는 너희를 거룩하게 하는 여호와인 줄 너희가 알게 함이라"(출 31:13).

안식의 근거는, 하나님이 천지를 창조하실 때 6일간 창조하시고 일곱째 날에 일을 마치고 쉬신 사건이다(창 2:1~3). 이것이 하나님과 이스라엘 자손 사이에 영원한 표징(sign)이라고 말씀하셨다(출 31:17).

이렇게 하나님의 말씀대로 하루를 쉬면서 일하지 않는 것은, 하나님을 향한 나의 신앙을 고백하는 것이다. 안식을 누리는 것은, 하나님께 나의 인생을 모두 맡긴다는 고백이다. 나를 구원해 주신 하나님을 신뢰하는 믿음의 표현이다. 우리가 주 중에 일하고 주일에 안식하는 것에는 이런 중요한 의미가 있다.

예수 그리스도의 구속 사역을 예표하는 성막과 하나님의 창조 사역을 기념하는 안식일이 동시에 강조되는 것을 보면 알 수 있듯이, 예수님이 십자가에 달려 죽으시고 부활하신 후 안식일의 의미가 주일로 대체되어 오늘에 이르고 있다. 예배와 휴식의 날인 안식일이 이제는 토요일에서 주일로 바뀌었지만, 그 의미는 전혀 달라지지 않았다. 주일은 여전히 하나님의 언약을 담고 있고, 하나님의 거룩을 드러내고 있다. 이런 안식의 중요성을 십계명을 통해서도 확인할 수 있다.

십계명에서 확인하는 안식의 중요성

모세가 시내 산에서 하나님께 받은 십계명은 두 부분으로 나뉜다. 1~4계명은 하나님과 사람 사이의 관계를 규정하고, 5~10계명은 사람과 사람 사이의 관계를 규정한다고 이해하는 것이 보편적이다.

그런데 십계명을 좀 더 세분해서 생각할 수도 있다(관계의 측면으로 보는 것은 동일하다). 1~3계명은 하나님께 어떻게 예배하고 경배해야 하는지를 설명한다. 즉, 하나님과의 관계를 규정한다. 5~7계명은 사람들과 어떤 관계를 가져야 하는지를 가르친다. 즉, 사람과의 관계를 규정한다. 8~10계명은 물질과의 관계를 규정한다. 도둑질, 이웃에게 거짓 증거를 하는 일, 탐욕을 금한다. 많은 사람들이 마치 하나님처럼 여기는 재물에 대해(마 6:24) 구체적으로 지적하는 계명이다.

그러면 이 구분에서 빠진 4계명은 어떤 의미를 갖고 있을까? 안식일을 기억하여 거룩하게 지키라는 4계명(출 20:8~11)은 다른 세 부분의 계명들과 밀접하게 연관되어 있다. 4계명은 하나님, 사람, 재물, 이 세 관계의 가교(架橋) 역할을 한다. 일을 중단하고 안식일을 거룩하게 지키는 것은, 하나님을 예배하고 하나님과의 관계를 바로 세우는 것이다. 가족뿐 아니라 종들과 객들도 안식일에는 쉬게 하라는 명령에서 볼 수 있듯이, 안식은 사람들과 올바른 관계를 갖는 것이다. 그리고 일하지 않으면 돈을 벌 수 없는데, 하나님의 약속을 의지하면서 탐욕을 포기하고 재물과의 관계를 바로 정립하는 것이다.

4계명은 이렇게 모든 관계를 회복하게 하는 중요성을 갖는다. 그래서인지 십계명에서 4계명의 분량이 가장 많다. 하나님이 10개의 계명을 주시면서 이 부분을 가장 길게 말씀하신 이유는 무엇인가? 중요한 의미를 담고 있고, 지켜야 할 것이 구체적으로 많기 때문에 잔소리처럼 긴 내용을 담고 있는 것이다. 하나님이 주신 안식의 4계명의 중요성을 반드시 인식해야 한다. 세상 사람들은 안식의 중요성을 잘 알지 못한다. 그래서 안식뿐 아니라 일도 잘 하지 못한다. 크리스천이 세상을 향해 드러내야 할 책임에 있어서 안식의 계명은 매우 중요하다.

바쁜 게 능사가 아니다

현대사회에서 치열하게 분투하는 많은 직장인들은 바쁜 것이 마치 미덕인 것처럼 생각하는 것 같다. "요즘 바쁘시죠?"라는 인사를 자주 들을 수 있지 않은가. 하지만 직업을 갖고 세상을 살아가는 사람들이 바쁘기만 한 것은 문제가 많다. 바쁜 것이 과연 미덕일까?

한자의 '바쁠 망'(忙) 자를 가만히 생각해 보라. '마음 심'(心) 변에 '죽을 망 혹은 잃을 망'(亡)의 합성어다. 이 한자의 표현대로라면 '바쁜 것은 죽는 것이고 잃는 것'이다. 물론 바쁘다고 당장 죽는 것은 아니다. 옛 중국인들에게 바쁘다는 것은 죽긴 죽는데, 마음이 죽는 것이라고 생각했다. 마음이 먼저 죽고 나중에는 몸도 죽게 된다는 뜻이다. 그러니 바쁘게 열심히 일하기만 하면 되는 것이 아니다. 인생에는 반드시 쉼이 필요하다.

하나님은 시내 산에서 선포하신 율법을 마감하면서 다시 안식의 중요성을 강조하셨다.

"엿새 동안은 일할 것이나 일곱째 날은 큰 안식일이니 여호와께 거룩한 것이라 안식일에 일하는 자는 누구든지 반드시 죽일지니라"(출 31:15).

안식에 대해 교훈하시면서 일하는 것을 먼저 말씀하신다. 안식하기 위해서는 주 중에 반드시 일해야 한다. 힘써 일해야 한다.

안식일을 거룩하게 지키라고 명령하는 십계명의 4계명도 비슷한 구조다.

"엿새 동안은 힘써 네 모든 일을 행할 것이나 일곱째 날은 네 하나님 여호와의 안식일인즉 너나 네 아들이나 네 딸이나 네 남종이나 네 여종이나 네 가축이나 네 문 안에 머무는 객이라도 아무 일도 하지 말라"(출 20:9~10).

하나님이 무엇을 강조하시는가? 엿새 동안 열심히 일하지 않으면 일곱째 날에 안식하는 것은 의미가 없다는 것이다. 즉, 여가는 일과 더불어 있어야 의미를 찾을 수 있다. 일과 여가는 분명 하나님이 함께 주신 선물이다.

다음은 유대교 랍비인 아브라함 요수아 헤셸(Abraham Joshua Heschel)의 말이다.

"일을 삼가는 날인 안식일은 노동의 가치를 경시하지 않는다. 오히려 안식일은 노동의 가치를 긍정한다. 안식일은 노동의 존엄성을 신성하게 고양시킨다. '너희는 일곱째 날에 노동을 삼가라!'는 명령은 '너희는 엿새 동안 모든 일을 힘써 하라!'는 명령의 속편이다"[《안식》(The Sabbath), 복있는사람, 2007. 80~81쪽].

우리는 이 균형 감각의 중요성을 명심해야 한다. 일하다가 쓰러지면 안 된다. 일중독은 결코 자랑이 아니다. 레저 중독에 빠져도 안 된다. 그러면 어떻게 일과 여가를 함께 하면서 둘 다 잘할 것인가? 자신의 상황을 잘 파악하고, 균형을 잡기 위해 노력하는 것이 중요하다.

다시 한번 한자를 생각해 보자. '쉴 휴'(休) 자를 보면, 사람(人)이

숲 속에 들어가서 나무(木)와 함께 있는 모습을 연상할 수 있다. 쉼이란 이런 것이다. 이런 안식이 우리에게 필요하다. 일로부터 벗어나 여유를 갖고 쉼을 갖는 것은, 크리스천이 꼭 지켜야 할 책임이다. 이는 하나님이 인류에게 주신 삶의 패턴이기도 하다.

일과 여가의 균형을 이루라

일과 여가의 균형을 이루는 것이 중요하다. 산술적인 균형은 불가능할 것이다. 우리는 여러 가지 일을 해야 하고, 시간이 늘 짧다고 생각하기 때문이다. 주어진 시간 속에서 시간에 끌려가는 것이 아니라, 시간을 조절하고 관리하는 사람이 되어야 한다. 나아가 하나님이 주신 시간의 창조자가 될 수 있어야 한다.

해럴드 래미스(Harold Ramis) 감독의 〈멀티플리시티〉(Multiplicity, 1996)라는 판타지 코미디 영화가 있다. 주인공인 건축가 덕 키니가 직장 일과 개인과 가정의 역할을 동시에 잘하기 위해 고민하는 내용을 모티브로 삼았다. 덕은 유전학자의 도움으로 자신의 복제 인간을 만들어서 덕-2에게는 직장 일을 맡기고, 덕-3에게는 가사를 맡긴다. 그런데 덕-2가 허락도 없이 덕-4를 복제했다. 잘못 복제된 덕-4는 먹는 것만 좋아하고, 뭔가 좀 모자라다. 문제는 계속 생긴다. 이 복제 인간들이 보여 주는 일종의 다중 인격이 변덕스럽게 비치는 것이다. 결국 아내는 참지 못하고 아이들과 함께 친정으로 가 버린다. 비로소 잘못을 깨달은 덕은 아내가 원하던 집수리를 하고, 복제 인간들을 모두 내보내서 피자 가게를 열어 살아가게 한다. 그런데 이 황당하고 우스운 영화의 주제는 직장인이라면 대부분 공감하는 문제다.

결국 하루를 어떻게 살아가는지가 중요하다. 하루의 삶은 그 사람의 가치관의 차이와 연관될 수 있다. 당신은 하루를 어떻게 보내는가?

벤저민 프랭클린이 "일찍 일어나는 새가 벌레를 잡는다"는 말을 해서 계획적인 삶의 가치를 강조했다. 이후, 현대인들은 새벽에 하루를 시작한다는 생각이 지배적이다. 보통 바쁜 직장인들은 아침에 알람 소리에 놀라 깨어나서 출근 전쟁을 벌인다. 출근하고 나면 일을 하는데, 일이란 본래 끝이 없다. 해도 해도 일거리는 줄어들지 않는다. 퇴근도 제때 못하고 야근한 후에 집에 돌아가는데, 집에 가서도 일을 할 수 있으면 더 한다. 잠을 자려고 해도 잠들기 힘들다. 아직 일이 끝나지 않았기 때문이다. 어쩔 수 없이 잠자리에 들지만 잠이 잘 오지 않는다. 뭔가 더 했어야 했는데, 그러지 못하는 자신이 안타깝다. 잠을 자는 둥 마는 둥 하다가, 또 다음 날 새벽이 되면 알람 소리가 울리고 놀라 깨어나 다시 출근 준비를 시작한다.

다소 과장되게 설명하긴 했지만, 현대사회를 살아가는 직장인들의 일상과 그리 다르지 않을 것이다. 그렇다면 이런 삶 말고 어떤 삶을 추구해야 할까? 일과 여가에 대해 생각하면서 유대인들의 하루에 대한 개념을 정리해 보자.

유대인들에게는 해가 떨어진 저녁에 하루가 시작된다. "저녁이 되고 아침이 되니 이는 첫째 날이니라"(창 1:5하)는 창조 기사를 따라 해가 진 저녁부터 다음 날 해 질 때까지가 하루다. 하루의 일과를 감사하며 마친 후 집에 돌아가면 그때부터 하루가 시작된다. 자신은 일을 그치고 쉬고 있지만, 그 시간에도 하나님은 계속 일하시기에 마음 편히 쉴 수 있다. 밤에는 편안히 잠들 수 있다. 하나님은 사랑하시는 자에게 잠을 주신다. 하나님을 신뢰하니 잠도 잘 오고, 불면의 밤이란 상상하기 힘들다. 다음 날 일어나서 하나님이 이미 시작해 놓으신 일을 이어받아서 마음 편하게 하면 된다. 일터에서도 하나님과 동역하면서 일하니 기쁘고 즐겁게 할 수 있다. 그렇게 하루의 일과를 감사함으로 마치고, 해가 질 때 퇴근하면 되는 것이다.

하루의 시작과 끝이 새벽인가, 저녁인가에 초점이 있는 것이 아니다. 하루의 삶을 살면서 하나님과 함께 살아가는가, 그렇지 않은가, 이것이 관건이다.

안식의 비밀은 무엇인가? 일만 하지 않고 하나님의 명령에 따라 쉬는 것은, 하나님을 신뢰하는 믿음 때문에 가능한 것이다. 이 믿음이 안식일을 거룩하게 지키며 하나님을 찬양하게 하는 원동력이다. 하나님이 지으신 창조의 패턴대로 안식일을 거룩하게 지키는 것은, 말씀대로 일하지 않고 쉬면서 하나님을 향한 신앙의 고백을 드리는 것이다. 우리의 인생을 창조주 하나님께 모두 맡기는 것이다. 하나님의 영이 충만한 사람은 바로 이런 믿음을 갖고 비즈니스를 하는 사람이다. 하나님의 명령에 따라 주일마다 안식의 계명을 지키며 이렇게 고백해야 한다.

"제 인생을 모두 주께 맡깁니다!"

3.
한 주의 승기는
주일 성수에 달렸다

"나는 주일에는 뛰지 않습니다!"
-에릭 리들(Eric Liddell)

설악산 입구에 있는 한 호텔의 사목으로 섬길 때의 일이다. 신입 사원들이 들어오면 상담을 했는데, 그중 한 자매는 선교 단체의 인천 지역 총순장도 맡은 적이 있어서 신앙의 이력이 깊었다. 호텔리어로서 하나님 나라를 세우겠다는 분명한 비전을 갖고 있었다. 직원들이 교대로 주일예배를 드려야 하기에 2부로 나눠서 예배드렸는데, 그 자매는 한 예배의 반주도 맡으면서 신입 사원의 생활을 했다.

그런데 6개월이 채 되지 않아서, 내가 내려가지 못한 주간에 그 자매가 퇴사했다는 것이 아닌가! 전혀 예상하지 못한 일이어서 당황스러웠다. 확인해 보니, 주일에 온전히 예배드릴 수 없는 호텔업의 구조에 적응하기 힘들어서 퇴사했다고 한다. 사실 주일에 예배드릴 수 있는 호텔은 그리 많지 않을 텐데, 주일에 한 시간 예배드린 후 바쁘게 일해야 하는 생활을 평생 계속할 것을 생각하니 감당할 수 없었던 것이다.

직장 생활에 대한 고민 중 꽤 비중 있는 주제가 주일 성수의 문제다. 과거 농경 사회에서는 그다지 심각한 문제가 아니었는지 모르지만, 24시간 365일 체제인 현대사회에서 경건하게 살려는 크리스천 직장인들에게는 주일 성수가 갈등의 이유일 수 있다. 크리스천 이라면, 직장인들이 어떻게 주일 성수의 책임 있는 가치를 드러낼 수 있을지를 고민해야 한다.

구약시대의 성도들이 지킨 안식일은 토요일인데, 신약시대에 일요일인 주일로 대체된 이유를 간단히 살펴보자. 이는 하나님의 창조와 구원을 기념하는 안식일이 예수님의 십자가 사역과 부활이라는 구속 사건으로 완성된 사실과 가장 관계가 깊다. 초대교회 성도들은 예수님이 부활하신 주일에 예배드리는 전통을 보여 줬고, 오늘날에는 주일이 성도들의 예배일과 안식의 날이 되었다. 주일의 이런 가치를 드러내는 주일 성수야 말로 크리스천의 신앙고백이라고 할 수 있다. 하나님의 언약과 거룩함의 표출인 안식일의 의미를 그대로 주일에 나타낼 수 있어야 한다. 하나님을 향한 신뢰와 믿음과 순종이 주일 성수에 동일하게 반영되어 있기 때문이다.

그러면 주일 성수를 통해 크리스천 직장인의 책임을 어떻게 드러낼 수 있을지 살펴보자.

삶 속에서 믿음을 고백하라

"나는 주일에는 뛰지 않습니다!"라고 선언한 올림픽 출전 육상 선수가 있다. 1924년 파리 올림픽에서 주일에 열리는 주 종목 100m 육상 경기의 출전을 포기한 에릭 리들의 이야기는 이제 너무도 유명하다. 우승 후보였던 에릭 리들의 출전 포기에 영국인들은 "신앙을 소매 끝에 달고 다니는 위선자", "조국의 명예를 버린 배신자"라고 비난했다. 그러나 에릭 리들은 굴하지 않고 200m 경기에서 동메달을 땄고, 단거리 선수는 출전하지 않는 400m 경기에 출전해 세계 신기록으로 금메달을 목에 걸었다.

"나는 주일에는 뛰지 않습니다!"라는 고백은 율법적 성향을 가진 신앙인의 허영이 아니었다. 주일 성수를 계속하는 가운데 너무도 당연하고 자연스러운 결정이었다.

이후 에릭 리들은 육상 영웅의 전도양양한 삶을 포기하고, 24세에 아버지와 형을 이어 중국 선교사로 헌신하여 세상을 또 한번 놀라게 했다. 그는 톈진과 산둥 반도의 농촌에서 19년간 선교사로 사역하다가 일본군 수용소에 갇혔다. 그곳에서 사람들을 격려하며 헌신하는 삶을 살다가 2차 세계대전의 종전을 보지 못하고 순교했다. 그는 주일 성수라는 가치를 통해 세상에 하나님을 드러내고, 이후에도 자신의 책임을 다한, 멋진 하나님의 사람이었다.

캐나다에 있는 뉴라이프 커뮤니티 교회의 담임목사인 마크 부캐넌(Mark Buchanan)은 《하나님의 휴식: 지친 우리에게 주신 하나님의 선물, 쉼》(The Rest Of God: Restoring Your Soul By Restoring Sabbath, 가치창조, 2008)에서 시에츠 버닝의 〈순종〉이라는 시를 인용한다. "폭풍우가 몰아치는 주일 아침에 귀리를 거두지 않고 주일예배를 드린 부모님의 결정은 옳은 것인가, 아니면 잘못된 것인가?" 이런 질문을 던지면서 아들의 관점에서 부모님의 결정을 잔잔하고 감동적으로 기록하고 있다. 수확량이 10분의 1도 안 되더라도 예배드리기 위해 수확을 포기하는 결정을 한 부모님은 손해는 봤지만, 결국 마음의 안식과 평안을 얻었다. 참된 안식이란 바로 이런 것이다.

시의 끝부분에 이런 대목이 있다.

> "저녁을 먹은 후 아버지는 '하나님께서 우리를 시험하셨고 그 시험을 이겨 내어 기쁘다'고 말했다. 어머니는 '찬송가가 오늘 아침처럼 감동적이었던 적은 없었다'고 말했다. 나조차도 '귀리를 거두어들였더라면 지금쯤 얼마나 심한 죄책감을 느끼게 되었을까'라고 생각했다"(《하나님의 휴식》, 100~101쪽).

주일에 일을 쉬는 것은, 하나님이 선한 분이시며 우리 인생의 주관자시라는 신앙에 뿌리를 둔다. 이 믿음이 없는 사람들은 참된 주일 성수를 할 수 없다. "하나님의 뜻대로 부르심을 입은 사람들에게 합력하여 선을 이루는 은혜를 주신다"(롬 8:28)는 말씀을 확신하는 사람이 염려하지 않고 제대로 주일 성수를 할 수 있다.

직장 선택의 기준, 주일 성수
오늘날에는 주일 성수 문제에서도 과거의 농경시대와 달리 복잡하고 다양한 변수를 고려해야 한다. 현실적이고 구체적인 지침을 가져야 한다. 그저 주일에는 일하지 말고 예배드리는 일에만 집중하라는 말은 설득력이 약할 수 있다. 세상의 변화에 대한 신학적 연구가 보완되어야 하지만, 몇 개의 직업과 관련하여 주일 성수의 문제를 다뤄 보자.

먼저 주일 성수에서 가장 먼저 생각할 문제는, 직장을 선택할 때의 기준이다. 간단히 말해서 주일에 근무하는 직장을 선택해야 하는가? 하나님 나라와 하나님의 의를 우선순위로 두고 사는 크리스천은 주일에 예배드릴 수 없는 직장도 포기할 수 있어야 한다. 그렇다면 호텔이나 병원이나 방송국처럼 연중무휴인 직장, 백화점이나 매장처럼 주말이 더 바쁜 직장은 무조건 포기해야 하는가? 그럼 그 일터에 하나님 나라가 임하도록 애써야 하는 책임은 누가 다 할 것인가? 주일 성수를 하지 못하는 직업 영역은 다 포기해야 하나? 오히려 더욱 적극적으로, 전략적으로 도전해야 하지 않을까?

하나님이 주신 비전을 갖고 있다면 주일 성수가 힘든 직종이라도 가야 한다. 물론 그렇게 직업을 선택할 경우, 그냥 그 직장에 가기만 하면 되는 것이 아니다. 주일에 해야 하는 두 가지 중요한 일, 즉 예배와 안식을 다른 날에 대체할 수 있어야 한다. 그런 시스템을 갖추고 적응하려고 노력해야 한다. 주일에 예배드리지 못하고 공동체와 떨어져 홀로 일하는 것은, 그리 쉽게 견딜 수 있는 일이 아니다. 많은 고통이 따른다. 그래서 이런 직종으로 가는 크리스천들은 일터 선교사 훈련을 받고 영적 무장을 하여 취업해야 한다. 선교사가 타 문화권, 특히 공산권이나 이슬람권으로 가면 신앙을 표현하지 못하고 예배도 제대로 드릴 수 없는 삶을 살지 않는가? 그런 스트레스를 견디기 위해 많은 훈련과 기도가 필요하듯, 일터 선교사로 무장하고 훈련하여 해당 일터로 가야 한다.

이것은 개인적인 노력의 문제만이 아니다. 교회적으로도 사역의 차원에서 노력해야 한다. 주일을 지키지 못하는 성도들을 위해 특별한 일터 사역의 훈련을 시켜서 파송해야 한다. 또한 주일 외에 다른 날에 예배드릴 수 있도록 배려하는 것도 필요하다. 만일 주일 성수를 율법적으로 적용하여 주일과 관련된 직업을 포기해 버린다면, "온 천하에 다니며 만민에게 복음을 전파하라"(막 16:15)는 명령을 제대로 수행하지 못할 것이다. 이것은 편의주의를 따르는 세속화와 구별되는 것으로, 이 시대 일터 선교의 중요한 전략이다.

책임 의식을 갖고 주일을 지키라

주일 성수의 문제와 관련해서는 일반적인 직장에 다니는 경우에도 비슷한 원리가 적용된다. 주일에 근무가 있거나 야유회를 가야 할 때, 주님께 드리는 예배가 중요하기 때문에 불이익이 있어도 거절하는 것은 바람직하다. 그러나 그것이 경건한 희생의 모습이 아니라 자기 권리만 찾는 얌체로 보인다면, 책임 의식을 보여 주지 못하는 것이다. 예를 들어, 피치 못할 사정이 생긴 동료를 돕기 위해 대신 주일 특근을 해 주는 것은 선한 사마리아인의 이웃 사랑을 실천하는 것 아니겠는가? 희생적인 대안을 제시하는 것은 매우 적절한 대응 방법이다.

무역 회사에 다니던 한 형제의 이야기다. 회사의 특성상 1년에 몇 차례씩 주일에 회사에 나가서 팀으로 일해야 하는 상황이 발생했다. 그 형제는 회사에 양해를 구해 교회에 가기도 했고, 어쩔 수 없이 출근해서 일하기도 했다. 이 문제로 기도하다가 결심한 그는 팀원들이 모인 자리에서 정중하게 이야기했다. 자신은 주일에 예배드리는 것이 중요하고, 주일학교 교사와 성가대원으로 섬겨야 하기에 빠지기가 쉽지 않으니, 주일에 일해야 할 때 빠지는 것을 양해해 달라고 부탁했다. 그런데 이런 일을 양해해 주는 회사는 거의 없다. 그래서 그는 동료들에게 일종의 '거래'를 제안했다. 자신의 주일 근무를 빼 주면 주 중 공휴일 당직을 1년 내내 도맡겠다고 한 것이다.

동료들은 흔쾌히 양해해 주었다. 이후 그 형제는 주일에 일해야 하는 상황이 생겨도 어렵지 않게 양해를 구하며 교회에 갈 수 있었다. 대신에 그는 설과 추석 연휴는 물론이고 모든 공휴일에 당직을 도맡아 하는, 결코 쉽지 않은 일을 감당해야 했다. 그러나 그 일로 인해 그의 동료들은 크리스천이 주일을 지키기 위해 1년에 10여 일의 공휴일 당직을 혼자 도맡을 정도로 중요하게 생각한다는 사실을 확인했을 것이다. 주일 성수의 가치가 얼마나 중요한 것인지 어림짐작이라도 했을 것이다.

앞에서 직업 선택에 대해 이야기할 때 잠시 다뤘지만, 다원화 사회의 특성상 주일에도 일해야 하는 직종에서 어떻게 주일 성수의 책임을 다할 수 있는지를 생각해 보자. 주일 성수는 예배에 참석만 하면 되는 것이 아니다. 몸과 마음이 쉼을 얻고, 주 안에서 교제하며 안식을 누리는 것도 포함되어야 한다. 일단 주일에 쉴 수가 없으니 둘다 하기 힘든 상황일 것이다. 그래도 최대한 노력하고 대안을 찾고 자 해야 한다. 보통 출근 시간은 여유 있을 테니 좀 힘들어도 주일에 새벽 예배나 1부 예배에 참석할 수 있다. 그리고 선교지에 파송된다는 심정으로 출근하여 주께 하듯 일하는 것이다(골 3:23). 매장에서 만나는 손님들을 주께 하듯 섬기고, 동료들에게도 마음을 다해 섬기는 것이다. 그리고 주일 외에 대휴로 쉬는 날을 자신만의 '주일'로 정하고, 심신을 충분히 쉬면서 주일에 다하지 못한 주일 성수를 지키기 위해 노력해야 한다. 요일이 맞는다면 수요 예배나 금요 집회에 참석해서 경건 생활을 위한 노력을 보충해야 한다.

레저와 소비생활에도 책임이 따른다

주일 성수와 관련해 직장인들이 갖고 있는 또 다른 고민은, 레저 활동에 관한 문제다. 요즘은 주 5일 근무제여서 주일 레저 활동이 예전보다 많이 줄었다. 주일에 육신의 쾌락을 위한 활동을 절제하는 것은 경건하게 주일을 지키는 미덕이다. 그러나 하나님이 창조하신 자연 속에서 하나님의 창조를 느끼고 휴식한다는 면에서, 주일의 레저 활동을 전적으로 정죄하는 것은 문제가 있다. 균형 잡힌 이해를 하는 것이 중요하다. 기본적으로 주일예배에 참석하면서, 1년에 한두 차례, 혹은 몇 차례 가족들과 함께 나들이 가서 그곳에서 예배드리도록 한정하는 것도 의미가 있다.

목회자들에게 휴가가 있듯, 성도들에게도 휴가의 기회가 주어지면 좋을 듯하다. 명절에 고향 교회를 방문해서 친지들과 함께 드리는 예배는 하나님 나라의 관점에서 볼 때 얼마나 유익하고 아름다운지 모른다. 이러한 이벤트를 만들어서 주일 성수의 가치를 놓치지 않으면 좋겠다는 생각이 든다. 단, 편의주의의 함정에 빠져 버리면, 책임 있는 주일 성수의 가치를 잃게 될 것이다.

주일 성수와 관련해 소비생활도 여전히 논란이 된다. 물론 주일 성수는 과거의 율법적인 주일 성수처럼 매식도 하지 않고, 물건도 사지 않는 것이 아니다. 그런데 요즘 주일이 평일과 같아지고 소비 활동에서 아무런 구별이 없어진 것은 문제다. 사실 직장인들에게는 주일이 쇼핑하거나 가족들과 외식하기에 가장 좋은 시간이다. 그러나 주일 성수에 남다른 책임과 가치를 부여하려면, 다른 사람들을 배려하는 것이 바람직하다.

물건 구입이나 식사 모임은 가급적 토요일에 하려고 노력하는 것이 좋다. 이웃 사랑의 차원에서 주일에는 절제하는 것이다. 율법적인 엄수주의의 금지가 아니다. 내가 주일에 매식을 하면 결국 그 식당에서 일하는 사람들이 쉴 기회가 줄어드는 것 아니겠는가. 예를 들어 교회 근처에서 주일마다 매식을 하면, 실제로 큰 교회 근처의 식당 중에서 문을 여는 곳이 많다고 한다. 그렇다면 그들은 쉬지 못하는 것이다. 사무실이 밀집한 지역의 식당은 주일에 아예 손님이 없어 쉴 수밖에 없는데, 교회 주변의 식당에서 일하는 사람들은 쉬지 못한다면 우리는 이웃 사랑을 제대로 실천하지 못하는 것 아니겠는가. 예전부터 지켜 온 주일 성수의 원칙에 율법적으로 집착하는 것이 아니라, 하나님이 정하신 안식의 원리를 지키기 위해 나름대로 원칙과 규정을 정해서 행동하는 것은 주일 성수를 통한 책임 이행에 많은 도움을 줄 것이다.

이러한 대안들 외에도 여러 가지 방법을 통해 크리스천 직장인들이 주일 성수의 문화를 만들어 낼 수 있을 것이다. 주일 성수를 위한 현실적이고 구체적인 지침이 필요하다. 성경적 원리를 실제 직업 현장에서 구체적으로 반영하는 적용 과정이 보다 활성화되어야 한다. 이를 위해 교회의 셀 모임이나 선교회, 청년회 등을 중심으로 구체적 대안을 찾아야 한다. 이런 토의가 일어나려면 목회자들의 관심 또한 반드시 필요하다. 교회와 크리스천 공동체 안에서 주일 성수의 문제에 대해 적극적으로 이야기를 나눌 때 발전적인 대안과 사례를 계발할 수 있다. 그로 인해 이 시대 크리스천 직장인들의 주일 성수 문화가 세상과 구별되지만 세상에 적응하는 독특한 문화 현상으로 자리 잡게 될 것이다.

안식을 누리는 것은,
하나님께 나의 인생을 모두 맡긴다는 고백이다.
나를 구원해 주신 하나님을 신뢰하는 믿음의 표현이다.

1. 주일예배는 한 주를 살아가기 위한 거룩한 파송식이다. 우리는 ○○교회의 대표 선수로서 세상 속에서 '흩어진 교회'로 살아야 한다. 우리는 ○○분야의 대표 선수라는 것을 잊지 말자.

2. 광야 생활을 할 때 이스라엘 백성은 안식일 전날에는 평일과 달리 이틀치 식량을 거두었다. 그리고 안식일에는 일을 안 해도 하나님이 먹을 것을 보장해 주신다는 '안심'의 믿음을 가졌다. 주일에 일을 쉬면서 예배드리고 안식하는 것은 하나님을 향한 믿음의 표현임을 명심하자.

3. 주일 성수가 힘든 직종에서 일하는 크리스천의 특별한 주일 성수 팁

- '일터 선교사'의 마인드를 갖고 구체적인 훈련을 받기 위해 노력한다.
- 주일에 이른 아침이나 저녁에 있는 예배를 드리기 위해 노력한다.
- 주일에 일하면서 만나는 사람들을 예수님께 대하듯 최선을 다해 섬긴다.
- 주 중 쉬는 날에는 주일에 다하지 못한 쉼을 누린다. 또한 예배나 성경 공부 모임에 참여하거나, 봉사 활동을 통해 유익한 시간을 보낸다.

4. 안식의 책임을 다하는 크리스천의 주일 보내기 팁

- 예배와 안식이 주일의 두 가지 중요한 책임임을 기억한다.
- 예배를 중심으로 하루의 계획을 잡고, 나머지 시간은 쉬는 시간으로 계획한다.
- 일과 관련해 아예 생각하지 않으려고 노력한다.
- 한 주간의 할 일에 대한 계획을 점검하며 기도한다.
- 스마트폰은 통화 같은 최소한의 용도로 제한하고 인터넷, 이메일 등을 자제한다.
- 성경을 읽고 묵상하거나 기도하고 찬양하는 시간을 많이 가진다.
- 가벼운 산책이나 운동 외에 경쟁해야 하는 운동이나 게임은 자제한다.
- 가족이나 친구들과 함께 식사하고 대화하고 걷는다.
- 나만의 주일 성수 실천이 있다면 적어 보자.

Part 2

월요일에도
나는 하나님의 사람인가?

1.
사원증과 함께
십자가를 목에 걸라

"모든 삶이 예배이기에 크리스천은 일터에서
도 하나님의 청지기로서의 사명을 감당해야 한
다." -그웬 듀이(Gwen Dewey)

작년 여름에 한 크리스천 직장인을 만났다. 경기도 동탄에 있는 하
늘빛우리교회에서 열린 "2015 선교 축제"에서 말씀을 전하던 때였
다. 보통은 목양실에서 담임목사님과 함께 점심 식사를 하는데, 그날
은 선교부에 속한 임원 집사님도 같이 식사하게 되었다. 그분은 근
처에 있는 S전자에 다니는데 자신의 직업을 하나님의 일로 생각하게
되었다는 고백을 했다. "직장이 우리의 첫 번째 선교지"라는 캐치프
레이즈를 내걸고 4주간 선교 축제를 연 이유가 바로 성경적 직업관
을 세우는 것이었는데, 이미 그런 생각의 변화를 경험한 분을 만나
니 놀라웠다.

물론 그분이 처음부터 자신의 직업을 하나님의 일로 생각한 것은

아니었다. 직업을 통한 인생의 성공을 추구하며 일에 몰두하는 동료들이 많았고, 그들과 경쟁해야 했다. 직장 생활의 연차가 늘어 가면서, 자유롭지는 않지만 크리스천 동료들과도 교류하고 활동하게 되었다. 그런데 크리스천 동료들 중 직업은 돈 버는 수단이고, 인생의 참된 의미는 교회에서 찾을 수 있다고 생각하는 사람들이 있었다. 일을 잘해서 인정을 받았지만 직장 일은 그저 어쩔 수 없이 감당해야 할 '십자가' 정도로 여기는 동료도 있었다. 그분도 그런 분위기 속에서 지내다가, 어느 날 그것이 아니라는 생각을 하게 되었다. 직장에서 하는 일도 하나님의 일이고, 그 일을 잘 감당하는 것이 하나님께 영광 돌리고 세상에서 제자의 책임을 다하는 것임을 깨달았다.

어떻게, 어디서 그렇게 생각의 변화를 경험했는지 궁금해서 물었다. 그러자 뜻밖에도, 예배에 참석해 말씀을 듣고 순 모임에서 말씀을 나누면서 깨달음을 얻었다고 답했다. 교회 생활을 통해 크리스천 직장인의 책임 의식을 자연스럽게 깨닫는 경우는 그리 흔하지 않다. 아마도 담임목사님의 메시지, 순원들과의 대화, 교회의 제자 훈련과 사역 훈련 등의 훈련 프로그램을 통해 크리스천 직장인의 정체성과 책임 의식을 발견했을 것이라고 이해했다.

그분처럼 세상에서 하는 일도 하나님의 일임을 깨닫고 일하는 태도가 변화되어야 오늘날 한국 교회의 고질병 같은 성속이원론에서 벗어날 수 있다. 그렇기 위해서는 월요일에 일터에 출근해서도 하나님의 사람으로서 책임을 다하는 크리스천의 모습을 보여야 한다.

나는 성령 충만한 직장인인가?

출애굽기 31장은 하나님의 영이 충만한 직장인의 모습을 보여 준다. 하나님은 성막의 기구들을 만들도록 장인 브살렐을 지명하시고, "하나님의 영을 그에게 충만하게 하여"(출 31:3) 일하게 할 것이라고 말씀하셨다. 출애굽기 31장은 독특하게 일과 안식의 책임으로 성령 충만함을 제시하고 있다. 이 말씀을 생각하면서, 이 시대를 살아가는 크리스천의 책임에 대해 살펴보자.

"당신은 인생에서 무엇을 추구하십니까?"

이 질문에 어떻게 대답할 수 있는가? 직업을 갖고 살아가는 사람이라면 열심히 일해서 성공하고 싶은 것이 당연하다. 돈을 많이 벌고 싶은가? 가정의 행복을 최고의 가치로 생각하는가? 전세난이 사회문제가 될 만큼 집 한 칸 장만하는 것이 쉽지 않은 상황에서 '내 집 마련'을 지상 목표로 삼고 사는가? 집을 마련한 후에는 많은 사람들의 로망처럼 별장이라도 하나 갖고 여가를 즐길 생각을 하고 있는가? 빌딩 한 채 장만해서 가만히 앉아 편안히 돈 벌며 살고 싶은가?

우리도 세상 사람들이 추구하는 목표를 가질 수 있다. 그러나 크리스천의 삶은 세상 사람들과는 뭔가 달라야 하지 않을까? 나름의 특별함으로 동료들과는 다른 인생의 비전을 보여 줄 수 있어야 한다.

위에서 말한 목표들은 우리 인생의 궁극적인 목적이 아니다. 우리에게는 그 목표들을 수단으로 하여 추구해야 할 인생의 '비전'이 있다. 그 비전이란 바로 하나님 나라를 세우는 것, 하나님의 영광을 드러내며 사는 것이다. 바로 이 비전이 우리가 다해야 할 책임의 영역이다. 이런 비전을 명심한다면, 일터의 동료들과는 다른 독특함을 추구할 수 있을 것이다.

출애굽기 31장에서 하나님은 성막 기구들을 만들 사람들을 지명하시면서, 일하는 사람들의 전문성에 주목하신다. 특히 하나님의 영, 즉 성령의 충만함을 직접 언급하시는데, 이 '성령 충만'이 어떤 것인지 성경 속에서 확인할 필요가 있다.

성경에서 말하는 성령 충만은 획일적이지 않다. 성령 충만은 3가지 정도로 정리할 수 있다. 첫째는, 사도행전 2장과 고린도전서 12장 등에서 볼 수 있는, 영적 은사를 통해 나타나는 하나님 나라의 모습이다. 이런 영적 은사는 잘 활용하면 교회에 큰 유익이 있다.

둘째는, 바울이 에베소서에서 말한, 관계를 통해 나타나는 성령 충만이다. 보통 이런 모습을 성령 충만이라고 말하지는 않지만, 이것도 성령 충만의 중요한 부분임에 틀림없다. 바울은 에베소서 5장 18절에서 '술 취하지 말고 성령 충만을 받으라'고 말한다. 그러면서 성령 충만한 크리스천의 삶의 정황 속 관계들에 대해 논리적으로 설득한다.

먼저 성도들과 관계를 가져야 하는 교회 생활(엡 5:19~21)에서 하나님께 예배드리며 감사하는 삶을 살아야 한다. 그리스도를 경외함으로 성도들 간에 피차 복종해야 한다. 가정생활(엡 5:22~6:4)에서는 부부와 부자가 서로 주께 하듯 대해야 한다. 남편에게 복종하기를 주께 하듯 하고, 예수님이 교회를 사랑하신 것처럼 아내를 사랑해야 한다. 주 안에서 부모에게 순종해야 하고, 부모들은 자녀를 주의 교훈과 훈계로 양육해야 한다. 직장 생활(엡 6:5~9)에서도 조화로운 관계를 통해 성령 충만한 삶을 살아야 한다. 종들은 주인에게 경외와 성실로 주께 하듯 순종해야 한다. 상전들은 그들 위에 하나님이 계신 줄을 알고, 주께 하듯 종들을 대하며 위협을 그쳐야 한다.

이렇게 교회와 가정과 직장이라는 세 영역에서 바람직한 관계를 갖는 것이 바로 성령 충만함이다. 크리스천들은 이런 책임 의식을 명심해야 한다.

성령 충만한 능력을 발휘하는가?

우리가 주목해야 할 성령 충만의 모습이 하나 더 있다. 특히 구약성경은 직업적 능력의 탁월함을 성령 충만과 결부시킨다. 하나님의 영이 한 직장인의 능력에 기름 부으신 경우를 자주 묘사한다. 가장 직접적으로 묘사한 구절이 출애굽기 31장에 나온다. 하나님은 단정적으로 말씀하셨다.

"내가 유다 지파 훌의 손자요 우리의 아들인 브살렐을 지명하여 부르고 하나님의 영을 그에게 충만하게 하여 지혜와 총명과 지식과 여러 가지 재주로 정교한 일을 연구하여 금과 은과 놋으로 만들게 하며 보석을 깎아 물리며 여러 가지 기술로 나무를 새겨 만들게 하리라"(출 31:2~5).

브살렐의 직업은 금, 은, 놋, 보석, 나무 등 모든 재료를 다뤄서 성막의 각종 기구들을 정교하게 만드는 일이었다. 성소와 지성소의 장막과 휘장은 물론이고 놋 제단과 물두멍, 떡상, 등대, 분향단 등 성막의 각종 기구들을 만들었다. 지성소 안에 놓일 법궤(언약궤)와 뚜껑에 해당하는 시은좌도 만들었다.

하나님은 이 모든 제작 과정에 지혜와 총명과 지식과 재주를 주겠다고 하셨다. 하나님의 영을 충만하게 하여 정교한 작업들에 대해 연구하고 제작할 수 있게 하셨다. 하나님이 시내 산에서 말씀하신 성막 설계도를 제대로 읽을 수 있는 전문성, 주어진 재료와 수치의 한계 속에서 가장 아름답고 거룩하게 제작할 수 있는 예술성을 허락하셨다. 그리고 하나님의 성령은 아이디어를 내고 의도하지 못한 상황도 임기응변으로 극복해 낼 수 있는 창의성, 오랜 기간의 작업을 인내하며 견딜 수 있는 내공의 힘도 허락하셨을 것이다. 하나님의 성령은 브살렐과 오홀리압이 성막을 만드는 데 필요한 모든 능력을 부어 주셨다.

그렇다면 성막 기구들의 제작을 책임진 브살렐은 누구인가? 성경의 기록에 따르면, 그는 유다 지파 출신이고 훌의 손자다(출 31:2). 아버지 우리보다는 할아버지 훌이 사람들에게 더 많이 알려진 인물이다. 훌은 이스라엘이 아말렉과 전쟁할 때 모세의 한쪽 팔을 붙들고 있던 사람이다(출 17:12). 또한 아론과 더불어 이스라엘의 지도자 역할을 감당했다(출 24:14).

성경은 브살렐이 훌의 손자라는 사실을 출애굽기 31장 외에도 3번이나 반복해서 기록한다(출 35:30; 38:22; 대하 1:5). 하나님이 이스라엘의 지도자 가문에서 태어난 브살렐을 지명하여 부르시고, 하나님의 영을 그에게 충만하게 하여 성막의 기구들을 만들게 하신 것을 강조한 게 아닐까?

아울러 하나님은 단 지파인 아히사막의 아들 오홀리압을 조수로 세워서 브살렐과 함께 일하게 하셨다. 그 외에도 많은 사람들을 세워서 그들에게 지혜를 주시고, 하나님이 명령하신 대로 성막의 기구들을 만들게 하셨다(출 31:6). 브살렐 혼자 하나님의 영이 충만한 것이 아니었다. 그와 함께 일한 많은 사람들이 하나님의 영이 충만하여 성막 제작의 귀한 일을 감당했다.

폴 스티븐스(Paul Stevens) 박사는 브살렐을 '목수, 장인, 예술가, 선생의 직업을 동시에 가진 인물'(출 31:1~11; 35:10~19, 30~35)로 평가하며, 자신이 수호성인처럼 여기는 인물이라고 호의를 표현한다. 아마도 폴 스티븐스 자신이 목사가 된 후 목수로 일한 독특한 경력을 갖고 있기 때문인 것 같다.

그렇다면 브살렐은 오늘날 크리스천 직장인들이 책임 있게 하나님의 일을 감당하는 데 있어서 어떤 중요성을 보여 주는가? 브살렐이 가졌던 특별한 기술은, 하나님이 일터에서 우리에게 베풀어 주시는 성령의 은사로 일할 수 있음을 보여 준다. 오늘날 크리스천 직장인들의 성령 충만한 능력을 미리 보여 준 '선지자적 그림'이라고 할 수 있다. 이런 탁월한 능력에 대해 폴 스티븐스는 자신의 책에서 이렇게 강조한다.

"옛 언약 아래에서는 소수만 하나님의 영과 직접 교통할 수 있었으므로, 그들에게만 일시적으로 주어진 것이었다. 하지만 예수님 안에서 맺어진 새 언약 아래에서는 그 성령이 개개인에게 보편적이고 영구적으로 주어졌다"(《하나님의 사업을 꿈꾸는 CEO》(Doing God's Business), IVP, 2009. 233~234쪽].

새 언약 아래에 있는 우리의 직업적 능력은 하나님의 영이 충만함으로 가능한 것이다. 우리는 이것을 믿고 일해야 한다. 오늘날 우리는 그리스도가 열어 놓으신 십자가의 길을 걷는, 신약시대의 성도다. 그런데 우리는 '하나님의 영'이라고 하면 종교적인 면을 주로 생각한다. 그러나 하나님의 영은 일상생활 속에서, 더 구체적으로는 직장에서 맡은 일을 해 나갈 때 분명하게 역사하신다. 하나님의 영이 함께하시면 아이디어가 필요할 때 아이디어를 얻을 수 있다. 특별한 정보가 필요할 때 원하는 것을 얻을 수 있다. 무엇보다 일 때문에 지칠 때 하나님의 영은 우리에게 새로운 힘을 주신다. 우리가 예배드리고 기도하는 것은 바로 이런 이유 때문이다.

오늘 나는 일터에서 성령 충만한 하나님의 사람인지 돌아보자. 하나님의 성령이 기름 부으신 직업인인지, 브살렐을 보면서 확인해 보자.

2.

요셉의 이력서를
내 것으로 만들라

"노동을 소중히 여기자. 노동의 빛은 아름다운
것이다. 노동은 온갖 덕의 원천이기 때문이다."
-에이브러햄 링컨(Abraham Lincoln)

성막의 제작을 위해 지명받아 하나님의 영이 충만했던 사람은 브살
렐만이 아니었다. 하나님의 영은 브살렐의 조수 역할을 한 오홀리압
에게도 임했다. 또한 하나님은 지혜로운 마음이 있는 모든 사람들에
게 지혜를 주신다고 말씀하셨다(출 31:6). 성막을 제작하는 여러 사람
들에게 하나님의 영이 임한 것이다.

이렇게 성경에는 직업적 능력에 하나님의 영이 임한 사람들이 여
러 명 나온다. 정치인이었던 다니엘에게도 하나님의 영이 임했음을
주변 사람들이 느낄 수 있었다(단 5:11~12). 삼손에게도 물리적 힘으
로 하나님의 영이 임했다(삿 15:14). 여호수아도 리더십과 정치적 능력
에 하나님의 영이 함께했다(민 27:18; 신 34:9). 이스라엘의 첫 사사인 옷

니엘도 하나님이 사사로 세우셔서 전쟁에 나갔을 때, 여호와의 영이 임하여 메소보다미아 왕 구산 리사다임을 이겼다(삿 3:9~10). 미디안과 아말렉과 동방 사람들이 연합한 대군과 맞서 싸우던 사사 기드온에게도 여호와의 영이 임했다. 기드온이 나팔을 불자 이스라엘의 여러 지파 사람들이 그의 뒤를 따랐다(삿 6:33~35).

구약성경에서 하나님의 영이 여러 직장인들의 능력에 임한 것을 묘사하는 것은 매우 고무적이다. 그들은 하나님의 영에 사로잡혀 일했다. 그렇다면 우리도 일하는 사람으로서 어떻게 하면 하나님의 영에 충만할 수 있을지 교훈을 얻을 수 있다.

성실한 노력파 다윗

사무엘 선지자는 사울 왕의 눈을 피해 베들레헴의 한 집에 찾아갔다. 그리고 그 집의 막내아들인 어린 다윗에게 기름을 부었다. 하나님은 차기 왕이 될 후보로 다윗을 낙점하셨다. 아마 다윗은 10대 중·후반의 비교적 어린 나이에 왕으로 기름 부음을 받았을 것이다.

그런데 그날 이후로 다윗은 하나님의 영에 크게 감동되었다(삼상 16:13). 다윗은 왕의 수업을 받는 기간 동안 하나님의 특별한 인도를 경험했다. 다윗의 성령 충만을 어떻게 이해할 수 있을까?

다윗이 블레셋의 거인 장수인 골리앗을 물리친 일도 바로 성령 충만함을 통해 가능했다. 그렇게 생각하는 것은 너무도 당연하다. 그런데 다윗의 물매 던지는 능력에 대해서는 상상력을 발휘할 필요가 있다. 다윗 시대에 사용된 물맷돌을 본 사람들은 일단 그 크기에 놀란다고 한다. 작은 것은 달걀의 윗부분을 잘라 낸 반원의 크기 정도고, 큰 것은 오렌지나 어른 주먹 크기 정도다. 그러니 전쟁터에서 사람을 죽이는 무기가 되었을 것이다.

그러면 다윗은 어떻게 그 묵직한 돌을 능수능란하게 사용하여 골리앗을 물리칠 수 있었을까? 목동이었던 다윗은 자신이 늘 사용하던 도구로 적국의 거인 장수를 쓰러뜨렸다. 당시의 상황은 다윗에게 유리하지 않았다. 오히려 상당히 불리한 여건이었다. 싸움이 시작되었을 때, 다윗은 한자리에서 정확하게 조준하여 돌을 던질 수도 없었다. 그래서 달려갈 수밖에 없었다. 아마도 골리앗이 갑자기 앞으로 달려 나왔거나 적진에서 화살이 날아와서 다윗이 몸을 피해야 했을 지도 모른다. 달려가면서 조준하는 일은 쉽지 않다. 하지만 다윗은 탁월한 능력을 발휘하여 골리앗의 이마를 한 번에 맞혔다. 게다가 물맷돌이 골리앗의 머리뼈를 뚫었다. 성경에서 돌이 이마에 박혔다고 표현한 것(삼상 17:49)은 적어도 돌의 절반쯤이 이마뼈를 뚫고 뇌 속에 박혔음을 알려 준다.

굉장한 물매질 능력임을 확인할 수 있다. 다윗은 어떻게 이런 능력을 갖게 되었을까? 하나님의 영에 감동한 다윗의 직업적 능력은 어떻게 나타났을까? 다윗이 탁월한 물매질을 할 수 있었던 비결은 몇 가지가 있다.

첫째는, 성령님의 인도하심이다. 하나님의 영이 다윗과 함께하여 정확하고 강하게 골리앗을 타격할 수 있었다. 하나님의 능력 없이 사람의 힘만으로는 이런 일을 하기가 쉽지 않다. 둘째는, 다윗의 전문적인 능력이다. 다윗은 물매질 연습을 많이 했고, 탁월한 물매질 능력도 갖고 있었다. 당시 유대인의 가정에서는 아들들 중 막내가 집안의 양들을 돌보는 전통이 있었다. 다윗은 형들보다 오랜 시간 집안의 양들을 돌봤을 것이다. 다른 이유는 없었다. 형들이 차례로 목동의 일을 동생에게 물려줬는데, 다윗에게는 물려줄 동생이 없었다. 아마도 다윗은 10년쯤 집안의 양들을 돌봤을 것이다. 그러니 물매질을 할 기회를 더 많이 가졌을 것이다. 이 핸디캡이 오히려 다윗의 전문 능력 향상에 큰 도움이 되었다.

또 한 가지 생각할 수 있는 점이 있다. 사사 시대에는 던지면 거의 틀림없는 물매 기술을 갖고 있던 왼손잡이 물매꾼들이 베냐민 지파의 기브아 지역에 있었다(삿 20:15~16). 그들은 머리카락 하나도 틀림없이 맞출 정도로 탁월한 물매꾼들이었다. 기브아에서 베들레헴까지는 지도상 거리로 약 12km다. 아마도 다윗은 이 기회를 놓치지 않고, 기브아에 가서 물매 던지는 기술을 배웠을 것이다.

이런 여러 가지 요인이 복합적으로 작용하여 다윗은 골리앗과 맞서 싸워 이길 수 있는 능력을 키웠다.

애굽 왕이 감탄한 요셉

요셉도 하나님의 영에 충만했던 대표적인 인물이다. 감옥에 있던 요셉이 하루아침에 총리에 올랐을 때, 그는 총리의 업무를 수행할 만한 탁월한 능력을 갖고 있었다. 그 능력은 객관적으로 입증되었다. 요셉의 시세 파악 능력과 다가올 국가적 재난에 대한 대응 능력이 담긴 기획안을 보고 애굽의 바로는 요셉의 능력을 파악했다. 바로는 신하들을 향해 이렇게 외쳤다.

> "이와 같이 하나님의 영에 감동된 사람을 우리가 어찌 찾을 수 있으리
> 요"(창 41:38).

바로는 애굽의 수많은 신하들에게서는 볼 수 없는 탁월한 능력을 요셉에게서 발견했다. 술 맡은 관원장이 추천하여 요셉을 감옥에서 불렀을 때, 바로의 보좌 옆에는 '요셉의 이력서'가 있지 않았겠는가. 바로는 틀림없이 요셉의 전력에 대한 정보를 제공받았을 것이다. 그런데 요셉의 '칠풍칠흉 대비 서바이벌 프로젝트'에 대해 들어 보니 기가 막힌 것이었다. 그토록 탁월한 전문성은 애굽에서 끌려와 노예와 죄수로 십수 년을 지낸, 서른 살의 이방인 청년에게서 나온 것이라고는 믿기 힘들었다.

그런데 태양신 라의 아들이고 신적 존재로 추앙받는 바로가 들어보니, 요셉이 생소한 신인 '하나님'의 이름을 다섯 번이나 언급하는 것이 아닌가(창 41:25~32)! 요셉은 해몽의 능력은 하나님께만 있다고 확신 있게 말했다. 바로는 요셉의 이력에서 나온 것이라고는 믿기 힘든 기획안이 요셉이 겁도 없이 언급하는 하나님으로부터 나온 것이라고 짐작했다. 그래서 자신의 신하들을 향해 요셉과 같이 하나님의 영에 감동된 사람을 어떻게 찾을 수 있겠느냐고 말한 것이다. 자신의 신하들 중에는 요셉처럼 신에게 영감 받아 나라를 구할 지혜를 발휘할 사람이 없으니, 탄식하듯 뱉은 말이다.

하나님의 영에 충만한 요셉의 능력은 당시 세계 최대, 최강 제국

의 치리자가 감탄할 만큼 대단했다. 요셉에게 임한 성령님의 능력은 미래를 예언하여 나라의 비전을 제시하고, 나라를 위기에서 구해 낼 구체적인 정책과 실행에 관한 지식이었다. 실제로 이런 구체적 능력은 요셉이 애굽의 총리로 임명받은 후 가장 먼저 업무 파악을 위해 각 지역을 방문하는 모습에서 나타난다(창 41:45~46). 요셉은 총리의 직무를 행하기에 손색없는 인재였다. 그는 하나님이 준비해 두신 훌륭한 총리감이었다.

'강한 나'를 찾아야 할 책임

다윗과 요셉의 일하는 모습을 보면서, 일하는 사람으로서 무엇을 느낄 수 있는가? 하나님의 영에 사로잡힌 그들은 자신의 일을 제대로 하기 위해 부단히 노력했다. 하나님이 미리 점찍어 두신 평생 직업을 계시로 알려 주신 것이 아니다. 그들은 자신의 상황에 맞게, 어디서나 하나님께 하듯 일하며 노력했다. 그들은 일을 통해 성취를 얻어 냈다.

〈미녀는 괴로워〉(2006)라는 영화를 보면, 얼짱 가수의 목소리를 대신 내주는 숨은 가수 '강한나'가 나온다. 그녀는 춤이 같아야 티가 나지 않는다고 무대 뒤에서 뛰다가 무대가 주저앉아 추락하기도 한다. 그녀의 몸무게는 95kg이다. 그녀에게는 사랑도, 다이어트도 어울리지 않는 것 같다.

그런데 성경 속에도 한나라는 여인이 나온다. 그 여인은 남편의 둘째 부인으로부터 수모를 당해 하나님께 마음을 쏟아 놓으며 부르짖을 수밖에 없었다. 같은 이름의 두 여인에게서 비슷한 문제의식을 느낄 수 있다.

그런데 문제를 해결하는 방법은 조금 달랐다. 성경 속의 한나는 성막으로 가서 기도했는데, 영화 속의 한나는 성형외과로 달려가서 수술하고 운동했다. 그래서 1년 만에 48kg의 퀸카로 거듭나서 돌아왔다. 한나는 재미 교포 제니라는 새로운 이름으로 자신을 감추고, 자신이 대신 노래해 주던 얼짱 가수의 자리를 대체한다.

한나는 그렇게 뚱뚱한 몸 안에 감춰 있던 '자신'을 찾은 것 같았는데, 또 찾아야 할 것들이 남아 있었다. 정신병원에 있는 아버지도 찾아야 하고, 상할 대로 상한 마음의 상처도 다스려야 하고, 그렇게 원하던 사랑도 찾아야 했다. 그러나 그녀는 아무것도 찾지 못한다. 얼짱 가수의 추적으로 제니의 콘서트가 엉망이 되었을 때, 한나는 눈물로 고백한다.

"이렇게 달라지니 행복했는데, 근데 미안해요. 친구도 못 믿고, 아빠도 버리고, 나도 버렸어요. 제가 누군지 모르겠어요."

수술해서 뚱뚱한 자신을 버리면 행복을 찾을 줄 알았는데, 그것이 진짜 행복이 아니더란 말이다. 한나는 얼짱 가수에게 말한다.

"하고 싶은 것 다 하고 살면 그건 하나님이라고 우리 아빠가 그랬어요. 사람은 자기가 잘하는 거 하고 살면 된다고요."

이 대사가 이 영화의 핵심 메시지다. '강한 나'를 찾을 때 인생에서 진정한 행복을 느낄 수 있다. 특히 직장인들에게는 자신의 강점을 발견해서 그 일을 하는 것이 정말 중요하다.

이 영화는 '강한나'라는 여인이 '강한 나'를 찾아가는 과정을 보여 준다. 우리도 일하는 현장에서 고민하면서 자신의 강점을 찾아야 한다.

3.
크기가 아니라
디테일이 명품을 만든다

"하나님이 당신을 두고 계신 곳은 어디인가? 지금은 우리가 예수님을 좇는 자로서 그분을 일터로 모시고 가야 할 때다."
-톰 넬슨(Tom Nelson)

17세기 네덜란드의 화가인 요하네스 베르메르(Johannes Vermeer)의 〈우유 따르는 하녀〉(The Milkmaid)라는 유화가 있다. 우유 광고에 자주 등장하여 사람들에게 친숙한 작품이다. 베르메르는 카라바조, 루벤스, 푸생, 벨라스케스, 렘브란트 등 많은 천재 작가들이 태어난, 서양 미술사에서 '위대한 회화의 시기'라 불린 17세기 후반에 활동했다. 당시 네덜란드에서는 시민들의 일상을 그린 풍속화가 크게 발전했는데, 개신교의 영향으로 평범한 사람들의 일상에 가치를 부여했다.

이 그림 속에서 묘사한 하녀의 일은 매우 경건하게 보인다. 녹색의 식탁보 위에 곡식 알갱이가 보이는 거친 빵이 담긴 바구니가 있고, 자른 빵 조각들과 도기로 된 물병이 옆에 놓여 있다. 그리고 여인이 또 다른 그릇에 우유를 따르고 있다. 우유를 따르는 여인의 모습은 경건해 보일 정도로 우아하고 위엄이 있다. 얼굴에 표정은 없다. 우유 그릇을 조금만 기울여 조금씩 따르는 모습은 수도자처럼 경건해 보일 정도다. 작지 않은 크기의, 우유가 담긴 단지를 들고 있는 팔뚝에는 힘이 들어간 근육의 움직임도 보인다. 우유를 따르는 사소한 일상에서도 주님께 하듯 일하는 모습을 볼 수 있다. 창문을 통해 들어온 아침 햇빛이 여인 뒤의, 아무 장식도 없는 벽을 비추고, 여인의 상반신과 얼굴도 환히 비추고 있다.

우리가 어떤 일을 하든지 이렇게 주께 하듯 일한다면, 하나님의 영이 충만한 것이다. 이것이 크리스천의 책임을 다하는 모습이다. 이런 사례들을 또 찾아볼 수 있다.

수십억 명에게 유익을 준 배관공

폴 스티븐스 박사가 소개한 캐나다 요크셔의 한 시골 교회는 세상에서 성도들이 갖고 있는 직업이 영적인 일이며, 하나님의 교회에도 중요한 일이라는 사실을 입증했다(《하나님의 사업을 꿈꾸는 CEO》, 127쪽). 그 교회는 9만 달러를 들여 스테인드글라스를 새로 제작하면서 한 교우를 기념했다. 그 교우는 1836년, 근처 동네에서 태어난 토머스 크래퍼(Thomas Crapper)다. 그는 배관공이며, 개량형 수세식 변기를 발명한 사람이다. 교회는 화장실 변기의 윤곽이 새겨진 스테인드글라스를 통해 그의 업적을 기렸다.

나는 그 스테인드글라스가 어떤 모습일지 궁금했다. 보통 교회의 스테인드글라스에는 예수님의 고난 받는 모습이나 목자 예수의 모습 등을 성화로 새겨 넣는데, 변기 모양을 새긴 스테인드글라스라니, 꼭 한번 가서 보고 싶었다.

그런데 인터넷 검색을 해 보니 의외로 쉽게 찾을 수 있었다. (폴 스티븐스는 교회 이름을 책에서 밝히지 않았는데) 그 교회의 이름은 성 로렌스 교회(St. Laurence's Church)다. 스테인드글라스 사진을 보니, 아마도 강단 앞부분에 있는 것 같았다. 교회 홈페이지에서 그 모습을 볼 수 있었고, 변기를 그려 넣은 부분이 확대된 사진도 볼 수 있었다. 화장실 변기 모양을 형상화한 검은 실루엣을 넣었는데, 그리 두드러지지는 않았다. 그것을 보고 '변기 스테인드글라스'라고 말하는 것이 좀 우스웠다.

하지만 중요한 기념 의도가 틀림없이 있었다. 〈글러브 앤 메일〉 (The Glove and Mail)이라는 신문에 이 교회의 스테인드글라스에 관한 기사가 실렸다. "그 교우의 업적을 기리기 위한 일환으로 화장실 변기의 윤곽이 멋지게 새겨 있었다"라고 보도되었다. 하나님이 배관공이었던 토머스 크래퍼에게 주신 창조성과 지혜로 지금까지 수십억 명의 사람들이 혜택과 편의를 체험했다. 또 앞으로도 많은 사람들이 토머스 크래퍼의 발명으로 유익을 얻을 것이니, 하나님의 영이 주신 지혜와 창의성은 찬양받아 마땅하다는 내용이었다.

배관공이라는 직업은 꼭 필요한 직업이기는 하지만, 사람들이 존경하거나 선망하는 직업이라고 보기는 힘들다. 그러나 배관공으로 평생 살아가면서 하나님이 주신 지혜로 자신의 분야에서 영향력을 발휘하고 사람들에게 유익을 주는 일은 매우 귀하다. 이는 일하는 사람으로서 책임을 다하여 하나님을 기쁘시게 해 드리는 것이다.

오늘 우리가 하는 일도 마찬가지다. 우리가 하는 일이란 그렇게 대단하지 않고, 세상을 변화시킬 만큼 획기적인 일이 아닐 수 있다. 그러나 우리가 직업적인 지혜를 발휘하여 해내는 일들을 통해 하나님이 창조하신 세상을 아름답게 세워 나갈 수 있다. 세상을 유익하게 하여 하나님의 이름을 높여 드릴 수 있다. 이것이 바로 직장인들의 능력과 함께하는 성령 충만이다. 우리는 성령님이 주시는 지혜와 은혜로 각자에게 주어진 일의 책임을 다해야 한다.

생명을 살린 하나님의 사람

1989년 2월 24일 새벽 2시경, 뉴질랜드행 유나이티드 항공 811편 비행기가 하와이 호놀룰루 공항을 이륙했다. 비행기가 6,700m 고도에 이르렀을 무렵 동체가 심하게 흔들리면서 화물칸 문이 강풍에 열려 동체 측면에 길이 8m, 높이 3m의 구멍이 뚫렸다. 승객 9명이 비행기 밖으로 사라져 버렸다. 데이비드 크로닌 기장은 즉시 상황을 파악하고, 160km 떨어진 하와이로 기수를 돌렸다. 그는 38년간 공군과 민간 항공사에서 조종사로 일한 모든 지식과 경험을 동원했다.

그런데 장거리 운항을 위해 136톤이나 되는 연료를 비행기에 실었기에, 그대로 착륙하다가는 바퀴가 망가질 판이었다. 크로닌 기장은 연료를 쏟기 시작했다. 비행기의 속도를 늦추는 보조날개가 작동하지 않아서 호놀룰루 공항의 가장 긴 활주로에서 시속 310km로 착륙

해야 했다. 규정 속도를 40km 넘었고, 무게도 착륙 시의 최대 허용치보다 22톤 초과했다. 그럼에도 불구하고 크로닌 기장은 승무원과 승객들의 기억에 영원히 남을 만큼 매끄러운 착륙을 해냈다. 항공 전문가들은 그 착륙을 기적이라고 불렀다.

이 무시무시한 사건이 지나고 며칠 후, 크로닌 기장은 인터뷰에서 화물칸 문이 날아가 버린 것을 알았을 때 처음 떠오른 생각이 무엇이었느냐는 질문을 받았다. 그는 이렇게 대답했다.

"승객들을 위해 잠깐 기도한 후, 곧바로 제 본연의 임무로 돌아왔습니다."

그 악몽 같은 밤을 지낸 생존자들은 크로닌 기장이 탁월한 능력을 가진 사람이고, 하나님을 신뢰하는 사람이었다는 사실에 감사할 수밖에 없지 않았겠는가[윌리엄 디일,《일요일은 주일! 평일은 죄일?》(The Monday Connection: On Being an Authentic Christian in a Monday-Friday World), 한세, 1995. 39~41쪽]! 바로 이것이 세상을 향한 책임을 가진 크리스천의 진정한 모습이다.

주님처럼 일의 책임을 다하라

직장인들을 만나다 보면, 힘들고 지루한 일을 하는 사람들이 있다. 총무 팀에서 2년간 일한 어느 직원의 말이 지금도 기억난다.

"목사님, 저는 저만 할 수 있는 일을 하는 것이 아니고, 누구나 할 수 있는 일을 합니다."

이야기를 들어 보니, 그저 주어진 일이나 하면서 수동적으로 업무를 본다는 뜻이 아니었다. 총무 팀에서 하는 일 자체가 허드렛일이고, 뒤치다꺼리가 많았다.

나는 그 직원에게 요셉 이야기를 해 주었다. 그가 교회에 나가지 않아서 성경 지식이 많지 않으니, 자세하게 설명해 줬다.

"요셉은 목동으로 일하던 자기 집에서나, 보디발의 집에서 노예로 일할 때나, 감옥 안에서 죄수로 있으면서 일할 때나, 언제나 총무로서 온갖 잡일을 묵묵히 수행했죠. 그래서 자칭, 타칭으로 '어딜 가나 총무!'가 별명이었을 거예요."

이런 표현이 재미있었는지 그 직원은 웃으며 반응했다. 그때 이렇게 말해 주었다.

"자신에게 주어진 삶의 마당에서 총무로서 최선을 다했더니 하나님이 요셉에게 더 큰 일을 맡기셨습니다. 결국 요셉을 세계 최대, 최강 제국의 국무총리가 되게 해 주셨어요."

하나님 나라에, 우리 인생에 쓰레기통은 없다. 진정으로 섬기며 일하다 보면, 하나님이 언제까지나 그 일을 하게 두시지는 않을 것이다. 하찮아 보이는 바로 그 일을 주께 하듯 해낼 때, 다른 일이 주어지더라도 제대로 해낼 때, 그 기회를 잡을 수 있다. 나는 그런 시시한 일이나 할 사람이 아니라며 건성으로 한다면, 다른 일의 기회도 주어지지 않을 것이다. 요셉의 인생이 바로 그 진리를 보여 준다.

예수님은 세상에 사시면서 20년 가까운 기간 동안 목수로 일하셨다. 예수님이야말로 일터의 영성을 보여 주신 분이다. 일하시는 예수님의 모습을 상상해 봤는가? 예수님은 일을 어떻게 하셨을까? 대패질을 하시는 예수님의 모습을 상상하면 무엇이 느껴지는가?

예수님의 직업인 '목수'(마 13:55)는 그리스어로 '테크톤'(tekton)이다. 이 단어는 배나 집을 설계하고 건축하는 전문가를 뜻한다. 예수님은 자신의 일에 집중하면서 즐겁게 일하셨을 것이다. 아버지와 함께 만든 문짝을 배달하러 가시기도 했을 것이다. 석 달쯤 쓰다가 반품하겠다고 말하는 고객에게 예수님은 어떻게 대응하셨을까? 물건 대금을 받기 위해 얼마나 힘드셨을까? 일이 밀렸을 때는 야근도 하셨을 것이고, 납품 기한을 맞추느라 애쓰셨을 것이다. 예수님은 그 모든 과정의 일을 성실하게 감당하셨을 것이다.

영화 〈패션 오브 크라이스트〉(The Passion Of The Christ, 2004)에서 멜 깁슨(Mel Gibson) 감독은 예수님이 일하면서 보여 주신 창의성을 멋지게 그려 내고 있다. 예수님이 십자가에 달리시기 전에 고통 받는 처절한 장면들 사이사이에 마리아가 회상하는 장면들이 나오는데, 그중 한 장면이다.

예수님은 몇 사람이 앉아서 식사할 수 있는 식탁을 만들고 계셨다. 어머니 마리아가 가까이 가서 보니 전에 본 적이 없는 식탁이었다. 누가 이런 식탁을 쓰느냐고 묻자 예수님은 부자들이 쓰는 것이라고 하셨다. 마리아는 그 사람들은 서서 밥을 먹느냐고 물었다. 예수님은 그들은 의자에 앉아서 식사하기 때문에 식탁이 높다고 대답하시고는, 없는 의자에 앉아서 식사하는 시늉을 하신다. 예수님을 따라 어머니 마리아도 의자에 앉아서 식사하는 어색한 시늉을 한다. 그 모습을 보고 예수님이 활짝 웃으신다.

유대인들은 바닥에 앉아 몸을 기울여서 눕다시피 하여 식사하기에 식탁이 높을 필요가 없다. 그러나 로마 문화의 영향을 받은 사람들이 신식 생활을 추구하느라고 다리가 긴 식탁을 주문했을 수도 있다. 혹은 전적인 상상이지만, 예수님이 '갈릴리 목수협회' 같은 모임에서 가구 산업의 새로운 트렌드에 대한 지식을 얻어 오시지 않았을까?

이렇게 창의성을 발휘해서 성실하게 하는 일이 사람들을 유익하게 하고 세상을 이롭게 한다. 일하는 사람들의 책임 완수를 통해 세상은 아름다워질 수 있다. 우리에게 바로 그 책임이 있다.

하나님의 영에 충만하여 책임 있게 일하기 위해 이렇게 기도해 보자.

"하나님의 영에 충만하여 하나님이 함께하시는 지혜로 하나님이 명령하신 대로 우리 기업의 제품과 서비스를 만들겠습니다. 일터에서 성령 충만하게 하옵소서."

우리가 어떤 일을 하든지 주께 하듯 일한다면,
하나님의 영이 충만한 것이다.
이것이 크리스천의 책임을 다하는 모습이다.

1. "나는 월요일에도 일터에서 크리스천인가?"라고 스스로 질문하며 흩어진 교회에서 크리스천의 책임을 다하기 위해 노력하자.

2. 삼손에게도 하나님의 영이 물리적 힘으로 임했지만, 그는 결국 하나님의 영이 자신을 떠난 것을 몰랐다(삿 16:20). 삼손을 타산지석으로 삼아 이렇게 기도하면서 나의 직업적 능력에 하나님이 기름 부으시기를 간구하자.

"삼손처럼 하나님의 영이 떠나지 않게 하소서. 저의 직업적 능력에 성령의 기름을 부어 주소서. 제가 하는 일의 분야에서 성령 충만하여 지혜와 능력을 얻게 하옵소서."

3. 7명의 형들보다 오랫동안 양들을 돌봐야 하는 불리한 여건을 오히려 탁월한 직업적 능력으로 승화시킨 다윗의 자세를 배우자. 특히 지역적 이점을 놓치지 않고 전통적 기술을 사사받았을 가능성[기브아의 물매꾼들(삿 20:15~16)]을 고려해 보자. 혹시 당장 필요한 능력이고 가까이에서 배울 수도 있는데 자기 계발을 시작하지도 않은 것은 아닌가?

4. 일터에서 주께 하듯(골 3:23) 최선을 다해야 책임 있는 크리스천이다. 경건해 보일 정도로 진지하게 우유를 따르는 여인처럼, 수세식 변기를 발명한 토머스 크래퍼의 창의적인 노력처럼 최선을 다하는 삶을 살아야 한다. 한 용역 회사에 소속되어 청소를 하는 분이 주님께 하듯 일해야 한다는 강의를 듣고 이렇게 결심했다.

"그동안 시간이 없다는 이유로 독한 약을 많이 쓰며 청소했는데, 이제 화장실 사용자들의 건강을 위해 약품을 최대한 덜 쓰면서 시간이 걸리더라도 성실하게 일하겠다."

우리도 결심해 보자.

"나도 주님께 하듯 일하기 위해 ○○ 부분에서 새로운 마음가짐을 갖고 일하겠다."

Part 3

일터에서 세상 속 크리스천의 구별된 가치관을 보여라

1.
유혹의 화살 앞에
말씀의 방패를 들라

"유혹을 받는 순간 하나님은 우리에게 실재
하지 않는 존재가 된다." -디트리히 본회퍼
(Dietrich Bonhoeffer)

1891년 11월 9~12일, 암스테르담에서 제1차 기독교 사회적 회의가
발족되었다. 회의의 하이라이트는 아브라함 카이퍼(Abraham Kuyper)
의 연설이었다. 카이퍼는 이 연설로 사회문제를 기독교의 중요한 의
제로 부상시켰다. 그는 이렇게 선언했다.

"그리스도인들은 그리스도인으로서 사회적 상황에 대한 책임을 느끼고,
문제들을 해결하기 위해 그들이 할 수 있는 모든 일을 해야 한다. 하나님
말씀을 손에 들고, 우리의 건강하지 않은 사회를 강력하게 비판해야 한
다. 우리는 정부의 도움을 떠나, 우리 사회가 하나님 말씀에 따라 개혁되
기 전에는 결코 쉬지 않을 것이다."

카이퍼가 제시한 해결책은 7개의 근본적 원리다. 그는 첫째 원리로, "전능하사 천지를 만드신 하나님 아버지를 내가 믿사오며"라는 사도신경의 첫마디를 언급한다. 하나님이 창조하신 세상에 대한 책임이 그분을 믿는 크리스천들에게 있음을 강조한다. 그리고 넷째 원리에서, 세상 속 크리스천의 책임을 강조한다.

> "하나님께서는 역사 가운데 하나님께서 일하신다는 이유만으로 우리를 단순히 이 세상에 있는 것들을 그냥 내버려 두어도 괜찮은 무책임한 존재로 만드신 것이 아니다. 불의한 상황 속에서 그리스도인들이 최선을 다해 그 상황을 변화시키도록 하나님께서 부르셨다"[루이스 프람스마, 《그리스도가 왕이 되게 하라: 아브라함 카이퍼의 생애와 그의 시대》(Let Christ Be King), 복있는사람, 2011. 209~210쪽].

크리스천의 세상을 향한 책임

크리스천들은 카이퍼가 말한 사회적 책임을 결코 소홀히 해서는 안 된다. 세상 속에서 사회적 상황에 대한 문제의식을 느끼고, 그 문제들을 해결하기 위해 노력해야 할 근거는 '왕의 책임'에서 찾을 수 있다. 하나님과 예수 그리스도가 우리의 왕이시지만, 성경은 또한 우리가 왕이라고 말하고 있다. 구약성경의 잠언은 성도의 '왕'이라는 정체성을 강조한다.

교회 생활에 친숙하지 않거나 믿음이 없는 직장인들에게 성경 읽기를 권할 때 종종 잠언을 추천한다. 잠언에는 보편적으로 공감할

만한 인생의 지혜가 담겨 있어서 큰 부담 없이 읽을 수 있다. 잠언은 솔로몬 왕이 많은 부분을 썼고, 여기에 여러 지혜자들의 잠언이 더해진, 편집된 교훈서다. 솔로몬은 자신의 경험을 통해 아들인 왕에게 필요한 교훈을 주고 있는데, 이 교훈은 오늘의 성도들에게도 유익하다. 왕이신 하나님의 자녀로서 세상을 살아가도록 지침을 주고 있다.

잠언의 결론이라고 할 수 있는 31장에 보면 '왕의 책임'을 말하고 있다. 잠언 31장에 왕이 한 명 등장하는데, 그는 르무엘 왕이다. 이 사람의 존재에 대해서는 여러 가지 설이 있다. 유대교 랍비들은 그가 솔로몬 왕이라고 주장한다. 솔로몬이 왕에 오르면서 태후가 된 밧세바가 아들인 솔로몬 왕에게 교훈하는 내용이라고 보는 것이다. 만일 그가 솔로몬이라면, 왜 뜬금없이 이런 생소한 이름으로 이야기하겠느냐고 반론하는 사람들도 있다. 또한 문장의 단어들을 분석하여 아라비아의 한 왕이라고 주장하는 사람들도 있다. 결국 정확히 알 수 없는 어떤 왕이라고 봐야 할 듯하다.

분명한 것은, '르무엘'이라는 왕의 이름이 '하나님께 속한 자'라는 뜻이라는 점이다. 잘 알 수 없는 불특정한 왕을 내세워 편집 지혜서인 잠언의 결론을 내리려고 한 의도가 무엇인지 생각해 보자. 하나님께 속한 자, 하나님을 위해 살아가는 자, 그는 바로 하나님의 자녀들인 하나님의 백성이다. 우리가 예수 그리스도께 속한 사람이고, 예수 믿고 구원받은 사람인 것처럼 하나님께 속한 언약 백성이라는 말이다. 그래서 잠언은 바로 우리 인생을 향한 교훈이다.

크리스천은 자신의 정체성을 분명하게 인식해야 한다. 그래야 자신의 책임에 대해 분명하게 알 수 있다. 인간은 창조주이신 하나님의 지상 대리인 역할을 해야 한다. 온 세상의 창조주이신 하나님의 창조 명령을 수행하는 일을 해야 한다. 서문에서도 언급한 대로, 크리스천의 세상을 향한 책임은 창세기 1장 26~28절에 상세하게 묘사되어 있다. 하나님은 물고기와 새와 살아 움직이는 모든 피조물을 하나님을 대신하여 다스리고 돌보라고 우리에게 명령하셨다. 이 책임은 아담과 하와에게 에덴동산을 '경작하며 지키게'(창 2:15) 하신 구체적인 모습으로 나타난다. 우리는 하나님을 향한 섬김과 세상을 향한 봉사의 삶을 통해 하나님의 지상 대리인의 역할을 감당해야 하는 구체적 책임을 부여받았다.

이런 의미에서 모든 크리스천은 하나님 나라의 왕으로서 책임을 다해야 한다. 잠언 31장에서 왕의 어머니가 르무엘 왕에게 주는 교훈에 귀 기울여야 한다.

시대를 거슬러 왕의 책임을 다하라

이런 전제를 갖고 잠언 31장에서 르무엘 왕의 어머니가 구체적으로 왕의 책임에 대해 언급한 것을 살펴보자. 잠언 31장 앞부분에서 르무엘 왕의 어머니는 성적 방종과 방탕한 음주를 금지하고 있다 (잠 31:3~7). 이 두 가지를 금지하는 이유는, 왕의 세 번째 책임 때문이다. 왕으로서 약자를 보호하고 공의를 시행할 책임을 다해야 하기 때문이다(잠 31:8~9).

그런데 이 두 가지의 금지와 한 가지의 지시 사항은 이 시대의 풍조와는 반대되는 것이다. 차례로 살펴보겠지만, 오늘 우리가 사는 세상은 성적 취향이 개인적인 문제이며, 성적인 선택은 자유의 영역이라고 선포하고 있다. 알코올 중독뿐 아니라 마약, 도박, 게임 등 각종 중독이 사회문제가 되고 있다. 또한 강한 사람, 성공한 사람이 칭송받는다. 약자가 보호되거나 정의가 사회적 가치로 인정받지는 못하고 있다.

따라서 왕의 책임을 다하는 일은 시대에 역행하는 것이기에 쉽지 않다. 그러나 힘을 다해 노력하여 드러내는 남다른 가치는, 크리스천의 책임 의식을 분명하게 보여 준다. 잠언의 결론에서 하나님이 르무엘 왕의 어머니를 통해 주신 교훈에 집중하다 보면, 하나님 나라의 참다운 가치와 원칙을 세상에 선포하게 될 것이다.

르무엘 왕의 어머니가 "내 아들아, 내가 무엇을 말하랴?" 하고 두 번이나 뜸을 들이다가 가장 먼저 언급한 말은 이것이다.

"네 힘을 여자들에게 쓰지 말며 왕들을 멸망시키는 일을 행하지 말지어다"(잠 31:3).

르무엘 왕이 만일 솔로몬이었다면, 그에게 가장 적절한 교훈이었을 것이다. 솔로몬을 잘 아는 어머니로서 해 줄 수 있는 핵심적인 충고였을 것이다. 비단 솔로몬뿐 아니라 오늘날에도 얼마나 많은 사람들이 성적인 문제에서 넘어지는가? 오늘 우리에게도 꼭 필요한 교훈이다.

솔로몬의 예를 들어 잠시 생각해 보면, 솔로몬은 많은 여인들과 결혼하고 그 여인들을 사랑한 것이 그의 인생에서 큰 오점이 되었음을 알 수 있다. 애굽 왕 바로의 딸 외에도 모압과 암몬, 에돔, 시돈, 헷 족속의 여인들까지 수많은 여인들과 결혼했다. 하나님이 일찍이 이방 족속들과 통혼하지 말라고 하셨음에도 솔로몬은 후궁이 700명, 첩이 300명에 이를 만큼 숱한 결혼을 통해 이웃 나라와 평화를 유지하는 정책을 폈다(왕상 11:1~3).

결국 이 일이 문제가 되었다. 솔로몬의 아내가 된 이방 여인들이 솔로몬의 마음을 돌이 켰다. 솔로몬은 하나님을 떠났고, 하나님은 진노하셨다(왕상 11:9). 성적 방종이 낳은 우상숭배로 인해 신앙을 포기하게 된 안타까운 사례를 솔로몬 왕을 통해 볼 수 있다. 솔로몬이 쓴 잠언의 여러 부분에서도 성적 유혹에 대처하라는 교훈을 반복해서 하고 있다(잠 2:16; 5:3, 20; 6:26; 7장 등). 그러나 솔로몬은 자신의 가르침을 실천하지 못했다. 그렇기에 이 부분에서 그의 교훈은 설득력이 크지 않다.

예수님은 서기관과 바리새인들을 향해 말씀하셨다.

"그들이 말하는 바는 행하고 지키되 그들이 하는 행위는 본받지 말라"(마 23:3).

이 말씀을 기억하면서, 말만 하고 행하지 않는 솔로몬의 언행 불일치를 타산지석으로 삼아야겠다.

성 개방의 시대, 성 제방을 높이 쌓으라

오늘의 시대를 돌아보면서, 우리는 구체적으로 성적 측면에서 왕의 책임을 다해야 한다. 솔로몬은 다하지 못한 책임을 우리는 소홀히 하지 말아야 한다.

그동안 논란이 되어 오던 간통죄가 폐지되었다. 그러나 성경은 "간음하지 말라"(출 20:14)고 분명하게 말한다. 성경은 성적 기쁨과 자유를 누릴 수 있는 특권은 결혼이라는 울타리 안에서만 가능하다고 강조하면서, 간음이 죄라고 여러 차례 명시한다(마 5:27; 19:18; 막 10:19; 눅 18:20; 롬 2:22; 13:9; 약 2:11). 이는 성경이 기록된 시대에도 성적 유혹과 성적 범죄가 많았다는 것을 입증한다. 구약시대의 가나안 종족들의 산당 종교의식이나 신약시대의 그리스 사회의 신전 매춘 행위를 통해 알 수 있듯이, 어느 시대에나 성적 위험은 약화된 적이 없다.

바울이 가르쳐 주는 것처럼, 성관계는 육체적 관계일 뿐 아니라 영적 연합이라는 인식을 분명하게 가져야 한다(고전 6:15~19). 우리는 주님과 합해 한 영이 되었고, 우리의 몸은 성령이 거하시는 성전(聖殿)임을 기억해야 한다. 성적 범죄에 빠지지 않도록 각별히 노력해야 한다. 그렇다면 성적 유혹을 이길 수 있는 방법은 무엇일까?

성 개방의 시대에 성적 유혹을 이길 수 있는 방법은 요셉에게서 배울 수 있다. 요셉은 '성 제방'을 높게 쌓으면서 유혹을 물리쳤다. 요셉이 성적 유혹을 받은 곳은 일터여서 더욱 실제적인 지침을 얻을 수 있다. 요셉은 직장 상사의 아내로부터 성적 유혹을 받았다. 그 유혹을 이겨 내기란 쉽지 않았을 것이다.

첫째, 당시에 요셉은 외로웠다. 고향을 떠난 지 10년이 지났다. 외로움은 죄의 통로가 아닌가! 외로움을 달래 주는 여인의 감미로운 목소리가 요셉에게는 큰 유혹이었다. 혼자 타향에서 지내니 간섭하는 사람도 없었다.

둘째, 요셉은 성적 유혹을 받기 쉬운 청춘이었다. 아마도 요셉은 결혼 적령기였거나 적령기가 지났을 것이다. 혈기 넘치고 성적인 욕구가 왕성한 나이였다. 그러니 젊은 요셉은 성적 유혹에 빠지기 쉬웠다.

셋째, 요셉은 성적 유혹을 받으면서 신앙적인 갈등을 했을 것이다. 분명 하나님은 자신을 높은 지위에 오르게 한다고 하셨는데, 당시에 요셉은 더 이상 올라갈 자리가 없었다. '애굽의 권력 서열 3위인 친위대장 보디발의 아내가 하자는 대로 해 준 후, 애굽 궁궐의 말단 관리 자리라도 하나 부탁하면, 나중에는 애굽 궁궐의 높은 지위에 오를 수 있지 않을까?' 아마 이런 생각을 하며 갈등했을 것이다.

그런데 요셉은 하나님이 그렇게 일하시지 않는다는 것을 알고 있었다. 보디발의 아내의 행동은 자신을 파멸에 이르게 하는 유혹임을 알았다. 그래서 요셉은 옷을 붙들고 늘어지는 여인을 단호하게 거절했다. 이런 단호함이 유혹을 이기는 중요한 방법이다. 죄의 유혹 앞에 있을 때 "그만!"이라고 크게 소리쳐 보라. "그만!"이라고 소리치는 것은 이 기도를 줄인 것이다.

"나사렛 예수 그리스도의 이름으로 내가 네게 명하노니 나에게 악한 생각과 행동으로 유혹하는 사탄아, 물러갈지어다."

죄의 유혹에 노출될 때마다 소리쳐 보라. 소리치면서 예수 그리스도의 이름을 의지하며 기도하는 것이다. 은밀한 곳에서 성적 유혹을 받을 때 이렇게 소리치면, 자신에게도 경각심이 주어지고 상대방도 놀라 정신을 차릴 수 있다. 보디발의 아내는 화가 나서 요셉을 모함했지만, 그런 낭패를 당하더라도 우리는 소리칠 수 있어야 한다.

말씀으로 유혹을 떨쳐내라

요셉이 보디발의 아내의 집요한 유혹을 이겨낼 수 있었던 힘은 무엇이었을까? 그가 "내가 어찌 이 큰 악을 행하여 하나님께 죄를 지으리이까"(창 39:9하)라고 외치며, 집요하게 유혹하는 여인의 손길을 뿌리치고 뛰쳐나갈 수 있었던 원동력은 바로 말씀이었다.

> "청년이 무엇으로 그의 행실을 깨끗하게 하리이까 주의 말씀만 지킬 따름이니이다 내가 전심으로 주를 찾았사오니 주의 계명에서 떠나지 말게 하소서 내가 주께 범죄하지 아니하려 하여 주의 말씀을 내 마음에 두었나이다"(시 119:9~11).

하나님의 말씀 외에 유혹을 이길 수 있는 다른 비법이 있겠는가?

요셉이 어린 시절부터 아버지 야곱에게 받은 말씀 교육이 유혹을 이기게 하는 힘으로 작용했을 것이다. 야곱은 족장 후보인 요셉에게 특별히 말씀 교육을 시켰을 것이다. 또한 밧단아람에서 돌아왔을 때 할아버지 이삭이 여전히 생존해 있었는데, 이삭이 족장 후보인 손자에게 특별히 하나님의 말씀을 들려주지 않았겠는가?

야곱과 이삭은 어떤 말씀을 들려주었을까? 아마 창세기 1~37장에 나오는 말씀이었을 것이다. 그래서 우리가 오늘 창세기를 볼 수 있는 것이리라. 요셉은 족장들에게 대를 이어 전수되었을 그 구전의 말씀을 듣고 또 들어서 거의 외웠을 것이다.

요셉이 반복해서 들은 말씀 중에는 이삭이 블레셋 땅에서 자신의 아내를 누이라고 하여 빼앗길 뻔한 이야기가 있었다(창 26:6~11).

이삭은 그 이야기를 할 때마다 수치스러워서 얼굴을 붉혔을 것이다. 이 집안에는 아내를 누이라고 속여서 위기를 모면하는, 일종의 '가족력'이 있었다. 요셉의 증조할아버지인 아브라함은 그런 잘못을 애굽과 블레셋 땅에서 두 번이나 저질렀다. 요셉은 집안 어른들의 그런 가슴 아픈 과거를 반복적으로 교육받아서 잘 기억하고 있었다.

말씀 외에는, 세상에서 받는 유혹을 이겨 낼 특별한 방법이 없다. 말씀으로 충실하게 무장하면 인생에서 위기를 겪을 때, 그 말씀이 진가를 발휘한다. 하나님의 말씀이 살아 역사하여 우리의 영혼을 훈련시키고, 성적 유혹을 이겨 낼 힘을 줄 것이다. 우리가 말씀 훈련에 집중해야 할 이유가 바로 여기에 있다.

신명기 17장에서 모세는 왕이 세워지거든 병마를 많이 두지 말고, 아내를 많이 두지 말고, 자기를 위해 은금을 쌓아 두지 말라고 하면서 율법서의 등사본을 만들라고 명령했다. 그 말씀을 평생 자기 옆에 두고 읽어서 하나님을 경외하는 것을 배우고, 모든 말과 규례를 지켜 행하라고 했다(신 17:16~20). 자신의 욕망에 유혹받지 않으려면, 하나님의 말씀에 집중해야 한다.

2.
회식 자리를
사역의 자리로 만들라

"우리는 하나님을 영화롭게 하는 쾌락을 지켜
야 한다. 쾌락을 지키고 보존해주는 '소금'은 결
국 거룩함이다." -게리 토머스(Gary Thomas)

세상에서 하나님을 대신하여 왕의 책임을 다하기 위해서는 방해가
되는 모든 것으로부터 벗어나야 한다. 앞 장에서 성적인 방종에 대
해 다뤘는데, 그 외에도 수많은 중독으로 사람들이 어려움을 겪는다.
오늘날 성인들의 알코올 중독, 마약 중독, 도박 중독, 아이들의 게임
중독이 심각하다. 이를 4대 중독이라고 하는데, 이 외에도 많은 중독
이 있다.

직장사역연구소 전화를 자주 스마트폰으로 돌려놓다 보니 간혹
근무시간 외에도 전화가 걸려 온다. 밤늦은 시간이나 새벽에도 '상
담' 전화가 걸려 오는데, 어느 날 밤에 걸려 온 전화가 기억난다.

늦은 시간에 운전하면서 전화를 받았는데, 전화한 분은 술에 거나

하게 취해 있었다. 그분은 크리스천이기에 기독교 기관인 우리 연구소에 상담 전화를 한 것이다. 이야기가 술로 인해 길어지기도 했으나, 30여 분 통화하면서 그분은 자신의 인생 문제를 거의 다 이야기한 것 같다. 본인이 생각하기에 자신의 인생 문제의 근본 원인은 술을 끊지 못하는 것이었다. 어쩌면 좋겠느냐고 한탄하다가 정신 좀 차리고 다시 전화하겠다고 했다. 그 후 1년이 넘었는데, 아직까지 연락이 없다. 그분은 알코올 중독이 자신의 인생에서 큰 문제라는 것을 알고 있으니, 기도하면서 가족들의 도움을 받았을지도 모른다. 금주 클리닉에 가서 도움을 받아 보라는 목사의 제안을 듣고, 결단하고 따랐을지도 모르겠다.

각종 중독의 사슬을 깨트려야 한다

르무엘의 어머니가 성적 방종과 방탕한 음주 생활을 지적했는데, 오늘날에도 각종 중독이 사람들을 괴롭히고 있다. 그리 심각하지 않은, 사소해 보이는 중독도 있다. 카페인 중독은 많은 사람에게 있지만, 심각한 문제를 유발하지는 않을 수 있다. 탄수화물 중독의 경우, 음식을 좀 많이 먹는 것인데 중독이라고 할 수 있겠느냐고 반문할 수도 있다. 그러나 비만으로 갈 경우 건강상 위험을 초래할 수 있으니 조심해야 한다. 스마트폰 중독은 아이들만의 문제가 아니다. 성인들도 삶의 관심과 지향점을 온통 스마트폰에 빼앗기고 있다. 이는 생활의 도구를 우상시하는 중독의 문제를 초래한다.

일중독도 직장인들에게 심각한 중독이 아니던가! 일만 중요한 것이 아니고, 여가와 안식을 함께 갖는 것이 하나님의 선물임을 분명히 인식해야 한다. 레저 중독도 심각하다. 일중독만큼이나 인생의 균형을 깨뜨린다.

마약 중독, 도박 중독, 성 중독만 위험한 것이 아니다. 문명이 발달하고 사회가 다변화되면서 예전에는 없던 각종 중독이 생기고 있다. 그만큼 많은 위험에 노출되고 있는 것이다. 내가 과도한 탐욕을 부리고 절제하지 못하면, 그것이 중독이 되어 나의 삶을 옭아맨다. 우리는 그 중독으로부터 자유로워져야 한다. 그렇다면 왜 중독에서 벗어나야 하는가? 르무엘 왕의 어머니는 세 가지 이유를 제시한다.

이미 성적 방종이 왕들을 멸망시켰기 때문에 조심해야 한다고 말한다(잠 31:3). 방탕한 음주 생활은 왕들에게 마땅하지 않다고 말한다(잠 31:4). 그리고 술을 마시다가 법을 잊어버리고 모든 곤고한 자들의 송사를 굽게 할까 두렵다고 말한다(잠언 31:5). 왕의 책임을 망각하게 되기에 중독증에서 벗어나야 한다는 것이다.

성적 방종, 방탕한 음주 생활 등 각종 중독은 우리가 세상 속에서 책임 있게 살아가지 못하게 만든다. 중독에서 벗어나기 위해서는 본인이 먼저 노력해야 한다. 본인이 문제의식을 갖고 자발적인 동기부여를 하지 않는 한 중독에서 벗어나기는 힘들다. 작심삼일이라도 좋다. 노력하는 것이다. 하다 안 되면 또 작심삼일을 하면 되지 않는가. 그렇게 120번쯤 하면 1년이 지나간다고 우스갯소리를 하기도 하는데, 이렇게 작심삼일을 반복하는 것도 의미가 있다.

물론 중독증은 심각한 질병이기에 스스로 해결하기는 쉽지 않다. 주변에서 도와줘야 한다. 가족이 도와줘야 한다. 함께 하나님께 기도

하면서 애써 줄 수 있어야 한다. 의학적 도움도 필요하다. 내가 자주 빠지는 일탈 행동은 병이 아니라고 생각하는 것이 가장 심각한 병이다. 중독은 병임을 분명하게 인식하고, 작정하고 고칠 수 있어야 한다. 내 힘으로는 안 된다. 전문가의 도움을 받아야 벗어날 수 있다.

술 취한 사회 속 크리스천의 책임은?

이렇게 각종 중독에서 벗어나야 하는 이유는, 우리에게 책임이 있기 때문이다. 각종 중독의 위험성과 해악에 대해 여기서 상세한 논의를 할 수는 없다. 르무엘 왕의 어머니가 왕의 책임으로 언급한 술 문제를 중심으로, 일터 문화의 현실과 이에 대한 책임 있는 대응 방법을 생각해 보자.

르무엘 왕의 어머니는 아들에게 술에 대해 강조하여 설명한다. 그리 길지 않은 교훈의 절반가량을 술이 왕에게 합당하지 않다고 강조한다.

"르무엘아 포도주를 마시는 것이 왕들에게 마땅하지 아니하고 왕들에게 마땅하지 아니하며 독주를 찾는 것이 주권자들에게 마땅하지 않도다 술을 마시다가 법을 잊어버리고 모든 곤고한 자들의 송사를 굽게 할까 두려우니라 독주는 죽게 된 자에게, 포도주는 마음에 근심하는 자에게 줄지어다 그는 마시고 자기의 빈궁한 것을 잊어버리겠고 다시 자기의 고통을 기억하지 아니하리라"(잠 31:4~7).

르무엘 왕의 어머니는 술의 효능과 유익을 부인하지 않는다. 죽게 된 자, 마음에 근심하는 자, 고통 받는 자에게 포도주와 독주가 필요하다고 말한다. 그런데 왕들에게는 마땅하지 않다. 술이 왕들에게 마땅하지 않음을 3번이나 강조하여 표현하고 있다. 법을 잊어버리고 고통 받는 자들의 송사를 제대로 다루지 못할 것이기 때문에 왕들은 술을 마시지 말라고 권면한다.

오늘날 크리스천에게 주어진 음주에 관한 책임이 바로 이와 같다고 생각한다. 우리는 세상의 술을 없앨 수도 없고, 그럴 필요도 없다. 술을 마실 사람들은 늘 있다. 서양의 크리스천들에게는 음주가 거의 문제 되지 않는다. 그런데 대한민국에서는 크리스천이 술을 마시지 않는 것이 마치 트레이드마크인 것처럼 인식한다. 실제로는 온도 차이가 있지만, 이런 현실이 오늘 우리에게 책임 의식을 불어넣는다.

우리 사회의 회식 문화에는 어려움이 있다. 요즘은 회식 문화를 바꾸자는 캠페인을 할 정도로 유별난 일터 문화가 문제다. 상명하복의 폐쇄적인 직장 문화 속에서 그나마 술자리를 통해 억압을 탈피하는 것으로 생각해 온 우리의 회식 문화가 크리스천들에게는 매우 고민스럽다. 만일 술자리를 피하려면 우리는 세상 밖으로 나가야 할 것이다(고전 5:10). 그러면 우리는 술자리에서 어떻게 행동해야 하는가?

하나님이 기뻐하시는 '회식 사역'

책임 의식을 가진 크리스천으로서 회식 문화뿐 아니라 세속적인 일터 문화에 대응하는 원칙을 기억해야 한다. 격리되면 안 되고, 구별될 수 있어야 한다. 모든 회식 자리에 참석하지 않겠다는 것은 가능하지도 않을뿐더러 바람직하지도 않다. 회식의 본질, 즉 서로를 알아 가고 축하하고 격려하고 치하하는 목적에 수긍하고, 술자리에 참석하되 구별되어야 한다. 물론 동화되면 안 된다. 자신의 상황에 맞는, 크리스천다운 구별의 비법을 갖고 있어야 한다.

처음부터 굳은 결심을 하고 술에 대해 분명한 자세를 갖는 것도 좋다. 한 회사에 경력 사원으로 입사한 K과장은 자신을 환영하는 회식 자리에서 태도를 분명하게 했다. 부서원들이 폭탄주를 만들어서 첫 잔을 다 돌린 후, "원샷!"을 외치고 마시고 나서 머리 위에다 술잔을 털었다고 한다. 그런데 그의 술잔에는 술이 그대로 있었다. 다 그를 쳐다보기에 엉겁결에 머리 위에 술잔을 뒤집어 부었다고 한다. 자신을 환영하는 술자리에서 그런 무례를 저질렀으니 어쩌면 좋은가? 신입 사원이 그래도 문제일 텐데, 경력 사원이 이제 어떻게 부서 사람들과 함께 일하고 리더십을 발휘한단 말인가?

정신이 번쩍 든 K과장은 이후에 대응을 잘했다. 자기소개를 장황하게 시작한 후 마이크를 붙잡고 회식 자리를 주도했다. 함께 기분 맞춰서 술을 마시지 못한 것을 속죄라도 하듯, 화려한 가무를 통해 술자리를 주도했다. 그러자 다음 부서 회식 때는 술자리 총무가 자연스럽게 음료수 두 병을 K과장 앞에 놓아 주었다고 한다.

그렇다고 누구나 술을 머리에 붓기만 하면 문제가 해결되는 것은 아니다. 그러나 가능한 방법을 찾으면 하나님이 지혜를 주신다. 술을 안 마신다고 꿔다 놓은 보릿자루처럼 구석에 앉아 있으면 안 된다. 적극적으로 돌아다니면서 사람들과 이야기를 나눠야 한다. 술자리에서 상담자 역할을 할 수 있는 것이다. 술을 따라 주고 음료수를 받아 마시면서 적극적으로 노력하면, 사람들과 친해질 수 있다. 술자리가 파한 후에는 같은 방향에 사는 동료들을 집에 데려다 줄 수도 있지 않은가? 술을 안 마신 사람은 나밖에 없으니 대리운전 하겠다고 적극적으로 나서서 봉사해 주면 얼마나 좋아하겠는가? 세상 물정 모르는 목사가 머릿속 생각만 함부로 말하는 것인가?

물론 쉽지 않은 일이다. 그런데 불가능한 일도 아니다. 서울 고척동에 있는 한 교회의 청년부에서 일터 문화에 대해 강의하며 이야기를 나눴다. 그런데 그 교회의 청년부 간사님이 자신의 이야기를 해 주었다. 그는 대여섯 명의 회사 동료들과 함께 한 달에 한두 번 있는 회식 자리에 참석해서 이야기를 나누며 논다고 했다. 회식을 마친 후에 동료들을 다 태워서 집에 데려다주고 돌아오면 보통 새벽 2시, 늦으면 새벽 4시가 되는 때도 있다고 했다.

그런데 그는 연말이면 기대되는 일이 있다고 했다. 부서 동료들이 1년 동안 술자리에서 함께 놀아 주고 대리운전 기사 역할을 해 줘서 고맙다며 백화점 상품권을 선물한다는 것이다. 그것을 받아서 연말에 부모님과 목사님께 선물하는 재미가 쏠쏠하다고 했다.

나는 그 형제의 이야기를 듣고 가슴이 뜨거워졌다. 목사의 입장에서 정말 고마웠다. 한번 안아 주고 싶을 정도로 고마웠다. 나는 그의 회사 동료들의 마음속에 한번 들어가 생각해 봤다.

'이 친구, 정말 괜찮은 크리스천이야. 교회에서도 청년부 간사인지 뭔지를 한다고 퇴근할 때마다 뛰어가던데, 우리도 챙겨 주니 정말 고마워. 크리스천들이 이 친구 같기만 하다면 얼마나 좋을까?'

이것이 바로 '회식 사역' 아닌가! 그 형제의 회식 자리는 바로 사역의 자리였다.

밀실의 술자리를 변화시키자!

이렇게 회식 자리에서 크리스천다운 정체성을 유지하는 것은 결코 쉬운 일이 아니다. 그런데 룸살롱이나 단란주점과 같이 밀실이 있는 술자리에서는 성적 타락과 비윤리적인 일이 더 자주 벌어진다. 그런 곳에 가서도 크리스천다울 수 있을까? 그런 자리는 최대한 피해야 하지만, 예기치 않게 이런 상황이 벌어지기도 한다.

일본 출장을 자주 가는 한 직장인의 이야기를 들었다. 회사 직원들과 함께 출장을 가서 일본 회사의 직원들이 대접하는 저녁 식사를 마쳐 갈 무렵이었다고 한다. 방문이 열리면서 대여섯 명의 여성들이 방 안으로 들어오는데, 그 여성들이 옷을 하나도 입지 않은 채로 걸어 들어오더라는 것이다. 이런 상황을 겪게 된다면 어떻게 대응하겠는가?

이분은 순간적으로 비명을 질렀다고 한다. 엄청나게 큰 소리를 질러서 함께 식사하던 사람들도 놀라고, 들어오던 여성들은 혼비백산하여 나가서 보이지 않았다. 그는 소지품도 챙기지 않고 그대로 식당을 나와서 숙소로 돌아갔다고 한다. 이런 부류의 사람들을 가리키는 직장 사회의 전문용어가 있다. 바로 '또라이'다. 이 정도 되면 '전국구 왕또라이'가 틀림없다.

얼마 후 어떤 사람이 그에게 불평했다고 한다. 그 비명 사건 후 일본 회사로 출장을 가서 아무리 기다려도 더 이상 그런 '깜짝쇼'를 하지 않으니 책임지라는 것이다. 그는 그런 일을 처음 겪었는데, 한국 회사의 직원들이 출장을 가면, 일본 회사 직원들이 그날의 '서프라이즈'를 준비해서 한국 직원들을 즐겁게 해 주곤 했다는 것이다. 그 재미가 없어졌으니 책임지라고 한 것이다. '크리스천 또라이' 덕분에 지저분한 접대 문화가 바뀌었으니 얼마나 감사한 일인가!

세상의 못된 일터 문화는 이 정도로 튀는 행동을 해야 뭔가 변화가 일어난다. 이런 용기 있는 결단이 오늘 우리에게도 필요하다. 절체절명의 순간에 "아~악!" 하고 비명을 질러 보자.

그분의 이야기를 들으면서, 목회자로 살아가는 나에게도 만일 그런 일이 닥치면 소리 한번 질러 보겠다고 생각했다. 그런데 나에게는 그런 기회(?)가 오지 않을 것 같다. 대신 성도들이 세상을 살아가면서 그렇게 험하고 지저분한 일들을 경험해야 한다는 점이 안타까웠다. 그래서 내가 쓴, 일터 사람들의 기도문인《직장인 축복 기도문》(브니엘, 2009)에 "출장을 갈 때도 하나님의 사람답게 하소서"라는 제목의 기도문을 적어 보았다. 출장을 갈 때, 특히 해외나 먼 곳으로 떠나기라도 하면 일탈 행동을 더욱 많이 하게 되는데, 그 가운데서도 영육 간에 순결함을 지켜야한다는 마음을 기도문에 담았다.

"성적 유혹 앞에서는 요셉처럼 도망가게 하소서. 오락이나 방탕의 유혹 앞에서 대응할 용기를 주소서. 죄짓지 않겠다고 분명하게 거절하게 도와주소서."

거듭 이야기하지만, 회식 자리에서 자신을 지키는 일만도 너무나 힘든 것이 사실이다. 사람들을 돕고 그들에게 유익을 주면서 회식 사역을 감당하는 것은 정말 어렵다. 한 직장인은 2차까지 가서 회식 사역을 다 감당하고, 동료들을 자신의 차로 집까지 태워 주고 돌아오니 새벽 6시였다고 한다. 그래서 샤워하고 바로 출근했다고 한다. 그러나 이렇게 세상 속 크리스천의 사명을 결코 포기하지 않고, 치열하게 회식 사역을 감당할 때, 하나님의 사람으로서 일터에서의 책임을 감당할 수 있다. 그리고 분명하게 인정받을 수 있다. "술자리에서도 결코 흐트러지지 않는, 멋진 크리스천 아무개!"라고 말이다.

3.
약자를 향한
왕의 책임감을 배우라

"빵은 나 혼자 먹으면 물질에 불과하다. 하지만
남과 나눌 때 영혼의 선물이 된다."
-도스토옙스키(Dostoevsky)

홀든 콜필드(Holden Caulfield)는 극심한 사춘기의 혼란을 겪으며 좌충
우돌하는 16세의 소년이다. 생각도 복잡하고, 행동도 기괴하다. 자신
도 크게 다르지 않은 것 같은데, 허영과 위선으로 가득 찬 학교 사람
들을 견디기 힘들어한다. 뜬금없이 오리 걱정을 하고, 성적인 상상을
한다. 자신의 눈엔 전부 괴짜인 친구들을 향한 욕설과 종잡을 수 없
는 횡설수설이 난무한다. 물론 단지 사춘기 증상만은 아니다. 홀든에
게 정신 질환이 있는 것도 분명하다. 소설 앞부분에서는 홀든이 4과목
에서 낙제하여 4번째 퇴학을 당하고 예정보다 며칠 앞서서 뉴욕의 집
으로 돌아가는, 이틀간의 여정을 길게 늘어놓는다.
　문제는 소통이다. 돈을 대 주는 것에서는 부족함이 없는 부모는 혼

돈을 겪는 아들과 대화하지 못한다. 학교의 선생님들도 진정한 소통을 하지 못한다. 단 한 사람, 여동생 피비와는 말이 통한다. 소설 뒷부분에, 홀든이 피비와 이야기를 나누는 장면 속에 이 소설의 핵심이 담겨 있다. 지루하고 따분하게 200쪽을 넘겨 읽다 보면, 잠을 확 깨우는 순간을 선물해 준다. 출간 후 50년 동안 1,500만 부가 팔렸다는 J. D. 샐린저(Salinger)의 소설 《호밀밭의 파수꾼》(The Catcher In The Rye, 1951)의 진가를 드디어 느낄 수 있다.

> "나는 늘 넓은 호밀밭에서 꼬마들이 재미있게 놀고 있는 모습을 상상하곤 했어. 어린애들만 수천 명이 있을 뿐 주위에 어른이라고는 나밖에 없는 거야. 그리고 난 아득한 절벽 옆에 서 있어. 내가 할 일은 아이들이 절벽으로 떨어질 것 같으면, 재빨리 붙잡아 주는 거야. 애들이란 앞뒤 생각 없이 마구 달리는 법이니까 말이야. 그럴 때 어딘가에서 내가 나타나서는 꼬마가 떨어지지 않도록 붙잡아 주는 거지. 온종일 그 일만 하는 거야. 말하자면 호밀밭의 파수꾼이 되고 싶다고나 할까. 바보 같은 얘기라는 건 알고 있어. 하지만 정말 내가 되고 싶은 건 그거야. 바보 같겠지만 말이야"(《호밀밭의 파수꾼》, 민음사, 2010, 229~230쪽).

약한 자들을 위해 목소리를 높이라!

극심한 자기 정체성의 혼돈을 겪는 소년이 쑥스럽고 조심스럽게 되고 싶다고 말한 '호밀밭의 파수꾼'은 무엇을 말하는가? 기특하게도 자신도 불안한데 세상을 향한 자기 나름의 기여를 생각한 것이다. 자기

보다 약한 아이들을 보호해 준다는 최소한의 책임을 이야기하고 있는 것이다.

잠언 31장에서 르무엘 왕의 어머니는 아들에게 성적 방종과 방탕한 음주 생활을 금기 사항으로 말한 후, 왕으로서 해야 할 중요한 책임 한 가지를 언급한다.

"너는 말 못하는 자와 모든 고독한 자의 송사를 위하여 입을 열지니라 너는 입을 열어 공의로 재판하여 곤고한 자와 궁핍한 자를 신원할지니라"(잠 31:8~9).

왕들은 이렇게 약자들을 돌보고 세워 줘야 할 책임을 기본적으로 이해하고 있었다. 시편 72편은 솔로몬의 시인데, 이 시에서 솔로몬 왕은 약한 자들 편에 서는 왕의 중요한 책임에 대해 이렇게 노래한다.

"그가 주의 백성을 공의로 재판하며 주의 가난한 자를 정의로 재판하리니 의로 말미암아 산들이 백성에게 평강을 주며 작은 산들도 그리하리로다 그가 가난한 백성의 억울함을 풀어 주며 궁핍한 자의 자손을 구원하며 압박하는 자를 꺾으리로다"(시 72:2~4).

일찍이 기브온 산당에서 일천 번제를 드리며 "누가 주의 이 많은 백성을 재판할 수 있사오리이까 듣는 마음을 종에게 주사 주의 백성을 재판하여 선악을 분별하게 하옵소서"(왕상 3:9)라고 하나님께 기도했던 솔로몬은 백성을 공의로 재판하는 일의 중요함을 잘 알고 있었다. 또한 가난하고 고통 당하는 백성의 부르짖음을 들어야 하는 사명이 왕에게 있음을 알고 있었다.

> "그는 궁핍한 자가 부르짖을 때에 건지며 도움이 없는 가난한 자도 건지며 그는 가난한 자와 궁핍한 자를 불쌍히 여기며 궁핍한 자의 생명을 구원하며 그들의 생명을 압박과 강포에서 구원하리니 그들의 피가 그의 눈 앞에서 존귀히 여김을 받으리로다"(시 72:12~14).

르무엘 왕의 어머니가 말하는 왕의 책임을 솔로몬 왕이 명쾌하게 이해하고 있었음을 알 수 있다.

그러면 호밀밭에서 놀고 있는 어린이들과 같이, 왕이 관심을 갖고 돌봐야 할 사람들은 구체적으로 어떤 사람들인가? 송사를 들어서 공의로 재판하며 억울함을 풀어 줘야 할 사람들은 '말 못하는 자'와 '고독한 자'다.

환경 운동을 하는 사람들은 '말 못하는 자'를 '말 못하는 짐승'으로 보기도 한다. 세상의 창조주이신 하나님의 지상 대리인으로서 온 세상의 생물에 대해서도 관심을 가져야 하기에, 일리 있는 생각이다. 그러나 짐승도 중요하지만, 일차적으로 사람부터 생각해야겠다. 스스로 자신을 변호하고 방어할 수 없는 연약한 사람이 여기에 해당될 것이다.

'고독한 자'는 우리 시대에 소외되고 복지 시스템의 사각지대에 있는 사람들이 여기에 해당될 것이다. 복지가 확대되어도 문제는 여전히 있다. 교묘하게 법의 허점을 노려 눈먼 돈을 갈취하는 악한 사람들이 있는 반면, 법의 보호를 받지 못해 고독하게 죽어 가는 안타까운 사람들도 있다. 잊히지 않고 종종 보도되는 복지 사각지대의 안타까운 사람들의 사연과 죽음이 바로 이런 고독한 자들에 대해 언급해 준다.

이 세상을 다스리시는 하나님의 대리인인 크리스천은 정부의 복지에 모든 것을 맡겨 두지 말아야 한다. 교회를 통해서나 개인적으로나 우리 주변의 '말 못하는 자와 고독한 자'를 찾아내야 한다. 그들의 기본적인 권리를 위해 목소리를 높이고, 사회정의와 경제적 평등을 위해 노력해야 한다.

'곤고한 자'는 고통 당하며 억울하고 곤란한 지경에 처한 사람을 의미하고, '궁핍한 자'는 경제적 도움을 필요로 하는 사람을 구체적으로 가리킨다. 오늘날 이런 사람들은 누구인가? 정치·경제·사회·문화적으로 소외되고 곤란을 겪는 사람들은 아직도 우리 주변에 많다. 멀리는 지중해의 난민들이 있고, 극우 이슬람 세력인 IS의 테러와 전쟁의 위협을 겪는 사람들이 있다. 우리 주변에도 도움이 필요한 연약한 이웃이 많다. 왕의 책임은 이런 약자들을 위해 공의로운 재판을 하여 그들의 한을 풀어 주는 것이다.

2014년에 일어난 세월호 사건에서도 보듯이, 우리 사회에는 아직도 제대로 해결되지 않은 문제들이 쌓여 있다. 여전히 그대로인 안전 의식의 결여에 대해 목소리를 높여야 한다. 여전히 구태에 빠져 변화하지 못하는 사람들을 위해서도 목소리를 높여야 한다. 바로 이 부분에 대해 왕의 책임을 다하라고 가르치는 왕의 어머니는 특히 '입을 열라'(speak up)고 강조한다. 목소리를 높이라고 한다. 연약한 사람들을 옹호하고 돕는 취지의 발언을 반드시 하라고 강조한다. 스피크 업! 우리도 세상의 불의에 맞서 목소리를 높여 외칠 수 있어야 한다.

사도 야고보가 하나님 앞에서 참된 경건에 대해 가르치는 교훈에서도 "고아와 과부를 그 환난 중에 돌보고 또 자기를 지켜 세속에 물들지 아니하는 그것"(약 1:27)이라고 명쾌하게 밝힌다. 이웃을 향해 목소리를 높이고 그들의 한을 풀어 주는 일은, 크리스천이 추구해야 할 참된 경건이다.

이웃을 향한 책임 의식을 선포하라

20년도 더 지난 영화지만, 여러 차례 봤는데도 다시 보라고 하면 즐겁게 볼 수 있을 것 같은 영화가 있다. 프랭크 다라본트(Frank Darabont) 감독의 〈쇼생크 탈출〉(The Shawshank Redemption, 1994)이다. 이 영화에서 주인공 앤디 듀플레인이 목소리를 높이며 "스피크 업!" 하는 장면이 인상적이었다.

앤디는 자신의 자유정신을 동료들에게 들려주기 위해 방송실을 장악한다. 그리고 모차르트의 오페라 〈피가로의 결혼〉(Le Mariage de Figaro, 1786)에 나오는, 소프라노 가수의 멋진 아리아를 들려준다. "아, 아, 마이크 시험 중" 없이 '삐이익', '틱틱' 소리가 한두 번 들리더니 곧바로 노래가 나왔다. 운동하느라 교도소 뜰에 나온 죄수들, 작업하던 죄수들, 병동에 있던 죄수들이 다 그 노래를 들었다. 간수들이 뛰어와서 "너 죽었다!"고 하면서 얼른 방송을 끄라고 했다. 그러나 앤디는 방송을 끄는 것이 아니라 오히려 스피커 볼륨을 올렸다.

볼륨 업! 스피크 업!

앤디가 세상을 향해 목소리를 높인 것은 무엇이었는가? 그것은 바로 자유정신이었다. 앤디는 아내의 정부(情夫)와 아내를 모두 죽였다는 죄목으로 종신형을 받았지만, 사실 그는 살인자가 아니었다. 누명을 쓴 것이다. 앤디에게는 자유정신이 있었다. 그는 희망을 품고 감옥 생활을 했다. 그는 자신이 가진 자유정신을 동료들에게 알려 주고 싶었다.

방송실에서 앤디 자신도 음악에 취해 있는 모습은 그가 꿈꾸는 자유를 잘 보여 준다. 그의 얼굴에는 희망을 만끽하는 미소가 있었다. 물론 창문을 깨고 들어온 간수들에게 끌려가서 2주일간 독방 생활을 해야 했다. 그러나 앤디는 자신의 자유정신을 스스로 확인하고 싶었고, 동료들에게도 전하고 싶었다.

한번은 따뜻한 봄날, 한 민간인의 집 지붕에 콜타르를 칠하는 노역을 하게 되었다. 그때 앤디는 간수들이 나누는 이야기를 듣게 된다. 악명 높은 종부가 죽은 형으로부터 3만 5,000달러를 상속받았는데 대부분 세금으로 나가게 되었다는 것이 아닌가! 앤디는 은행가였던 자신의 재능을 살려서, 만일 아내를 믿을 수 있어서 아내에게 양도한다면 세금을 한 푼도 안 낼 수 있다며 절세 방법을 조언한다. 그리고 중요한 이야기를 한다. 변호사 비용이 한 푼도 안 들도록 자신이 다 처리해 줄 테니, 대신 자신의 '동료들'(coworkers)에게 시원한 맥주 한 병씩만 마시게 해 달라고 부탁한다. 그러자 한 간수가 '동료'라고 말한 앤디를 비웃었다. 그러나 앤디에게 그 죄수들은 함께 일하는 동료들이었다.

감옥 총무와의 거래가 성사된 후 앤디의 동료들은 하늘 위가 뻥 뚫린 남의 집 지붕 위에서 시원한 맥주를 마신다. 마치 자신의 집 지붕에서 일을 마치고 맥주를 마시는 듯한 착각이 들 정도였다. 앤디는 동료들에게 그런 자유정신을 만끽하게 해 주고 싶었다.

세상 속에서 살아가는 크리스천도 이렇게 정체성에 근거하여 선포해야 한다. 자신의 정체성을 분명하게 기억해야 한다.

"그러나 너희는 택하신 족속이요 왕 같은 제사장들이요 거룩한 나라요 그의 소유가 된 백성이니 이는 너희를 어두운 데서 불러내어 그의 기이한 빛에 들어가게 하신 이의 아름다운 덕을 선포하게 하려 하심이라"(벧전 2:9).

우리는 세상과 일터에서 예수 그리스도의 아름다운 덕을 선포하며 살아야 할 사명을 갖고 있다. 우리가 가진 '자유정신'과 '복음의 희망'을 동료들에게 전할 수 있어야 한다.

세종대왕의 책임 의식

세상을 향해 입을 열고 목소리를 높여 외치는 왕의 책임 의식을 세종대왕에게서도 배울 수 있다. 《조선왕조실록》 세종 41권, 10년 9월 27일(병자) 6번째 기사는 이런 내용을 전한다.

형조에서 왕에게 이렇게 아뢴다. "진주 사람 김화라는 자가 제 아비를 죽였사오니, 율에 의하여 능지처참하소서." 왕이 그대로 따른다. 이윽고 왕이 탄식한다.

"계집이 남편을 죽이고, 종이 주인을 죽이는 것은 혹 있는 일이지만, 이제 아비를 죽이는 자가 있으니, 이는 반드시 내가 덕(德)이 없는 까닭이로다."

책임을 통감한 세종대왕은 《효행록》을 지어 어리석은 백성을 깨우치고, 자식이 자식 노릇을 할 수 있게 하라고 지시한다. 그리고 집현전이 주관하여 책을 만들도록 한다. 1434년(세종 16년)에는 직제학 설순 등이 편집한 《삼강행실도》를 발행하여 보급한다. 이 책은 군신, 부자, 부부의 삼강(三綱)에 모범이 되는 사람들을 각 110명씩 뽑아서 이를 3권의 책으로 만든 것이다. 충신, 효자, 열녀의 이야기를 만들어서 백성에게 읽히려고 한 것이다.

이 책은 각 사람들에 대해 세 부분으로 묘사한다. 먼저 일러스트, 즉 그림이 있다. 한자를 모르는 백성이 그림을 보고도 알 수 있도록 인물들의 눈까지 정교하게 표현된 그림을 넣은 것이다. 설명 부분은 충신, 효자, 열녀의 행적을 기술한다. 마지막으로 찬시(讚詩)를 넣었다.

세종대왕이 왜 이렇게 했는가? 아비를 죽인 자가 있는 것은 바로 내 덕이 없는 까닭이라고 말한 대로, 백성을 긍휼히 여긴 것이다. 법과 율을 몰라서 자신이 어떤 죄목으로 죽는지도 모르고 사형당하는 백성을 긍휼히 여긴 것이다.

이런 책임 의식으로 세종대왕은 한글을 창제했다. 한글의 기본은 자신이 거의 만들어 놓고, 집현전의 젊은 학자들에게 구체화하라고 지시해서 아들인 문종과 함께 한글의 체계를 완성했다. 세자와 함께 많은 연구를 직접 했다고 한다. 한쪽 눈이 물러 터져서 감길 정도로 연구했다고 한다.

신하들의 상소가 줄을 이었다. 이제 글을 만들면 우리도 몽골이나 일본처럼 오랑캐가 된다면서, 사대주의에 젖어 있던 신하들이 집요하게 반대했다. 세자에게 학문과 수련을 시켜야 하는데 엉뚱하게 한글 만드는 일이나 시킨다면서, 나라의 뒷날을 걱정하는 척했다. 하지만 그런 모든 반대를 무릅쓰고 세종대왕은 한글을 만들었다.

세계적으로 빼어난 글자인 한글을 만든 후, 세종대왕이 가장 먼저 지시한 일이 무엇이었는지 아는가? 어려운 한자로 되어 있는 법률을 한글로 번역하게 했다. 법을 몰라 어려움을 겪는 백성이 없도록, 백성의 삶의 질을 높여 주기 위해 이런 일들을 한 것이다. 바로 이것이 왕의 책임 의식이다.

우리는 하나님이 창조하신 세상을 돌보는 종의 책임을 다해야 하는 왕들이다. 왕으로서 책임을 다하기 위해 노력해야 한다. 성적 방종과 방탕한 음주 생활을 중단해야 한다. 온갖 중독으로부터 벗어나야 한다. 바른 정신으로 왕의 책무를 다해야 한다. 약한 자들, 소외된 자들, 우리의 도움이 필요한 자들을 향해 반드시 목소리를 내야 한다. 목소리의 볼륨을 높여야 한다. 따뜻한 마음으로 연약한 사람들을 옹호하자. 들릴 때까지, 해결될 때까지 소리치는 것이다. 우리는 일터에서도 동료들을 돌보며 왕의 책임을 다할 수 있어야 한다. 그렇게 세상 사람들을 세워 주는 노력이 결국 하나님 나라를 이 땅에 임하게 하는 귀한 사역이다.

---

1. 우리는 하나님의 창조 사역의 결과물을 관리하는 지상 대리인이다. 경작하며 지켜야 할(창 2:15) 책임을 늘 염두에 두자.

---

2. 성적 유혹을 받게 하는 사람, 장소, 시간, 도구를 잘 점검하자. 성 개방의 시대에 성 제방을 높이 쌓아야 한다. 하나님 앞에서 순결하기로 결심했다면 사람, 장소, 시간, 도구 등에 대해 구체적 상황을 설정하자.

- 유혹에 빠지게 하는 특정한 사람을 피하거나 다른 사람과 함께 만난다.
- 유혹 받는 장소(밀실 단란주점 등)에는 가지 않는다.
- 유혹 받기 쉬운 시간에는 공적인 일을 하거나 다른 사람과 만난다.
- 인터넷, 스마트폰을 통한 음란 사진이나 영상의 유혹에 대해 정기적으로 확인하고 조언해 줄 '영적 확인자'(배우자, 친구, 멘토 등)를 확보한다.
- 나만의 결심을 실천할 방법을 적어 보자.

3. 회식 자리에서 크리스천다운 회식 사역을 감당하기 위해 노력하자. 각자의 상황에 따라 실천 방법을 정해 단계별로 실천해 보자.

- 현재 술을 마시고 있다면 결심하고 고백해 보자.
  "이제까지는 술 마시는 크리스천이었지만, 이제 술 안 마시는 크리스천이 되려고 합니다."
- 회식 자리에서 '절주'하며 숨어 지내는 것으로 만족하지 말고 회식 사역을 할 수 있어야 한다. 술을 안 마시면서도 동료들의 분위기에 맞춰 주고 적극적으로 헌신하는 모습을 보이자.
- 동료들을 차로 집에 데려다주는 '대리운전 기사'에 도전해 보자.
- 부서의 회식 문화 개선을 위해 적극적으로 나서 보자(공연, 전시회, 야구 경기 관람 등).

4. 연약한 자들을 위해 목소리를 높여야 하는 왕의 책임을 두 방향으로 실천해 보자.

- 나의 업무 혹은 사업과 관련하여, 연약한 사람들을 돌보고 정의를 세우는 일을 찾아서 하자.
- 나의 관계 울타리 안에 있는 사람들 중에서 연약한 사람들을 위해 목소리를 높이자.

Part 4

점 하나가 내 것과
네 것을 결정짓는다

1.
1%의 몰입이 99%의 노력을 빛나게 한다

"누구나 마음속에 생각의 보석을 지니고 있다.
다만 캐내지 않아 잠들어 있을 뿐이다." -이어령

크리스천들이 좋아하는 성경 구절에 대한 통계가 간혹 나오는 것을 볼 수 있다. 베스트가 있으면 워스트가 있듯이, 크리스천이 싫어하는 성경 구절도 있지 않을까? 잠언 31장 10~31절은 여성, 특히 결혼한 크리스천 여성들이 꽤 싫어하는 구절인 것 같다. 왜 그럴까?

여기에 나오는 현숙한 여인은 어디 겁나서 친해질 수 있겠는가? 그야말로 성경에서 보증하는 슈퍼우먼이다. 찔러도 들어갈 곳이 하나도 없는 여인 아닌가? 직장 일이면 직장 일, 집안 살림이면 살림, 못하는 것이 없다. 가족들에게 존경받고, 평판도 좋다. 그리고 신앙도 좋다. 그야말로 완벽한 여성 직장인의 모습인 것이다. 남편도 잘 챙겨 주고 성공하게 하니 흠잡을 데가 없어 보인다. 현숙한 여인이라고 칭찬을 듣는 잠언 31장의 여인을 살펴보면, 일인다역을 하는 이상적인 주부이자 여성 직장인의 모습이다.

그러나 이 부분은 한 여성의 모습을 칭송한 것이 아니라고 본다. 그렇게 보면 너무나 뜬금없다. 잠언 31장 앞부분에는 르무엘 왕의 어머니가 왕인 아들에게 하는 교훈이 나온다. 이어서 히브리어 알파벳의 첫 글자부터 마지막 글자까지 22개의 단어들로 시작하는 답관체(acrostic) 형식의 문장으로 결론짓는다. 한 여성에 대한 구체적인 기록으로 보는 것은 어울리지 않는다.

이 여인을 여염집 아낙네로 보기에는 살림의 규모나 행동 스케일이 너무 크다. 이 여인이 관여하고 감당해야 하는 생활의 무게와 비중은 한 개인의 가정이라는 울타리를 넘어서는 것이라고 느껴진다. 잠언 31장 앞부분에 나오는 왕에 대한 여성판 대역(代役)으로 31장 10~31절이 등장하는 것이다. 현숙한 여인은 바로 '왕비'를 가리킨다고 볼 수 있다. 마치 슈퍼우먼 같은 여인의 미덕에 관한 긴 묘사를 왕비가 갖출 미덕이라고 보면 좀 더 수긍이 된다.

이런 '왕비'의 미덕은 여성들에게만 해당되는 것이 아니다. 잠언 31장 앞부분에 나오는 왕의 책임이 모든 크리스천에게 해당하듯, 왕비의 미덕도 모든 크리스천에게 해당한다. 이는 잠언에서 지혜를 여성, 즉 '지혜 여인'으로 묘사하는 것과도 연관된다 (잠 1:20~33; 8장; 9:1~12). '현숙한 여인'은 지혜가 구체화되고 의인화된 모습을 보여 준다. 성별 구분은 별 의미가 없다. 여성의 관점으로 적용하는 것은 문제 될 것이 없지만, 남성도 현숙한 여인의 책임 있는 생각과 행동을 배워야 한다. 왕에 걸맞은 왕비로서 어떻게 미덕을 발휘하며 책임 있게 살아가야 하는지 살펴보자.

왕비의 미덕, 3M: Money, Meaning, Mission

현숙한 여인이 보여 주는 왕비의 미덕은 크게 세 가지로 나타난다. 능력을 발휘하는 유력함, 지혜로운 태도, 하나님을 경외하는 믿음이다. 즉, 능력과 태도와 믿음이다. 이것을 직업의 목적인 3M, 즉 일해서 돈을 버는 Money, 삶의 의미와 보람을 찾는 Meaning, 주님께 하듯 일하며 삶을 신앙으로 승화시키는 Mission으로 표현할 수 있다. 이는 하나님 나라를 세워 가는 청지기, 공동체를 세우는 사람, 그리고 사명자의 모습을 보여 준다. 이 세 가지 모습을 차례로 살펴보자.

왕비의 미덕을 노래하는 잠언 저자는 현숙한 여인이 진주보다 가치 있다고 말한다. 현숙한 여인은 가장 먼저 남편을 안심시키고 믿음을 준다.

> "그런 자의 남편의 마음은 그를 믿나니 산업이 핍절하지 아니하겠으며 그런 자는 살아 있는 동안에 그의 남편에게 선을 행하고 악을 행하지 아니하느니라"(잠 31:11~12).

현숙한 여인, 아내, 왕비는 과연 어떤 사람인가? 남편을 편하게 해 주는 사람이다. 대단한 여인임에 틀림없다. '남편'이라는 말의 뜻은 '남만 편하게 해 주는 사람'이라고 말하지 않는가? 농담이지만 뼈 있는 말이다. 그런데 이 여인은 보통 남만 편하게 해 주는 남편을 오히려 편하게 해 준다. 흔히 말하는 '내조'가 아니라 재정적인 측면으로 '맞벌이'를 한다는 뜻이다. 11절에 나오는 "산업이 핍절하지 않는다"는 말은 표현이 좀 어렵지만, 남편이 가정에 필요한 돈을 벌기 위해 남을 약탈하거나 도둑질할 필요가 없다는 뜻이다. 그것이 평생에 그 남편에게 복이 된다는 것이다.

그러면 이 왕비가 어떤 일들을 한다고 묘사하는가? 13절을 보면, 사업에 필요한 원료를 잘 고른다고 한다. "양털과 삼을 구하여 부지런히 손으로 일한다"고 한다. 길쌈질을 하는 것이다. 옷감을 만들어 옷을 만드는 일은 당시에 집안 여인들의 기본적인 일이었다.

14절을 보면 '상인의 배', 즉 무역선이 나온다. 먼 데서 양식을 가져온다는 것은, 부지런한 여인이 식구들을 먹일 양식을 얻기 위해 먼 곳에 가는 것도 기꺼이 한다는 뜻이다. 그렇게 음식을 준비해 두었다가, 날이 새기 전에 일찍 일어나서 집안사람들에게 나눠 준다. 그리고 여종들에게 그날 해야 할 일을 지시한다. 이 여인은 일꾼들에게 일을 시키려면 잘 먹여야 한다는 것도 알고 있는 것이다. 오늘날의 기준으로 사업가의 책임을 알고 있는 것이다. 복지를 신경 써줘야 직원들이 일을 잘하는 것을 알고 있었던 것이다.

16절을 보면 여인이 밭을 살펴보며 구입한다고 한다. 보통은 가장이 결정하는 부동산 구입을 여인이 책임지는 모습이다. 또 자기의 손으로 번 것을 가지고 포도원을 일군다고 한다. 밭을 개발해 이윤을 취하는 것이다. 이 여인은 수익성이 높은 곳에 투자할 줄도 알았던 것이다. 대단하다! 이것은 집안 살림의 하드웨어라고 할 수 있는 투자까지 여인이 책임지는 것을 보여 준다. 그야말로 현숙한 여인이라고 칭송받아 마땅해 보인다.

13~16절까지는 인간 삶의 기본적인 필요를 다 보여 준다. 이것을 한마디로 줄이면 의식주(衣食住)다. 옷을 짓고, 밥을 짓고, 집을 짓는 것이다. 최근 한 기업의 광고를 보니, 우리 삶에 필수적인 의식주가 다 '짓는다'는 단어로 표현된다는 내용이 나왔다. 이 여인은 세 가지, 즉 의식주의 모든 영역에서 '짓는' 여인이었다.

또 하나, '짓는' 것이 있다. 의식주와 관련하여 욕심이 생기면 짓게 되는 것이 있으니, 바로 '죄'(罪)다. 의식주는 모두 짓는다는 공통점을 갖고 있다. 그래서 죄지을 가능성이 더욱 많다. 우리는 의식주와 관련된 부분에서 죄짓지 않기 위해 노력해야 한다.

예수님이 한 방법을 말씀해 주셨다.

> "너희는 먼저 그의 나라와 그의 의를 구하라 그리하면 이 모든 것을 너 희에게 더하시리라"(마 6:33).

'모든 것'은 예수님이 말씀하신 먹고 입는 문제, 즉 의식주다. 왜 풍요로운 삶을 살려고 하는가? 먼저 하나님의 나라와 의, 즉 우리 인생의 비전을 생각하고 정리해야 한다. 왜 돈을 많이 벌고, 좋은 집에서 살고, 좋은 옷을 입고 싶은가? 그것이 하나님 나라를 세우는 비전과 어떤 관계가 있는지 스스로 질문해야 한다. 그 답으로 인생에서 어떤 우선순위를 세울 것인지 확인해야 한다.

현숙한 여인의 기업가 정신

가정에서 경제적으로 자신의 입지를 갖고 있었던 현숙한 여인은 분명 기업가 정신(entrepreneurship)을 갖고 있었던 것이 틀림없다. '기업가'라는 뜻의 영어 단어 'entrepreneur'는 '성직자'를 의미하는 프랑스어에서 유래했다. 중세 시대에 성당이나 성을 건축하는 현장을 감독하던 사람이 있었는데, 바로 사제였다. 그는 다재다능한 사람이었다. 발명가, 기획자, 설계자, 매니저, 고용주의 역할을 다 갖춰야 했다. 비전을 제시하고 구체적인 계획을 세워서 추진하는 기업가 정신을 가져야 했다. 이런 기업가 정신을 현숙한 여인이 보여 주고 있다[폴 스티븐스, 《일의 신학》(Work Matters), CUP, 2014. 164쪽].

이런 기업가 정신이 잘 반영되어 있는 부분이 잠언 31장 17~19절이다. 우선 현숙한 여인은 "힘 있게 허리를 묶으며 자기의 팔을 강하게"(17절) 한다. 이 여인은 일을 위해 어떻게 건강을 유지해야 하는지 아는 기업가다. 자신의 건강이 확보되어야 일을 제대로 할 수 있다는 것을 알았다. 오늘날은 일에서 은퇴한 후에도 30년은 더 살아야 하는 시대이기에, 건강을 유지하는 일이 더욱 중요해졌다.

2015년 프로야구에서는 '마리한화'라는 유행어가 나올 정도로 한화 이글스 팀에 관심이 집중되었다. 그 팀의 지휘봉을 잡은 김성근 감독은 1942년생으로 70대 중반의 나이다. 그런데 지금도 선수들의 수비 연습을 위해 공을 쳐 주는 펑고(fungo)를 직접 하고 있다. 겨울 캠프의 훈련 때도 내야나 외야를 가리지 않고 펑고를 직접 한다. 선수들은 교대로 받지만 쳐 주는 사람은 계속 쳐 줘야 하기에, 보통 체력으로는 쉽지 않다. 리그 중에도 시합에 진 날, 아직 나가지 못한 관중들 앞에서 바로 평고를 하면서 선수들을 녹초로 만들어 놓기도 했다.

그렇게 젊은 선수들과 호흡을 맞추기 위해 김성근 감독이 특별하게 하는 일이 있다. 한 인터뷰 기사를 보니, 훈련 캠프에서 훈련을 다 마치면 선수들은 숙소로 들어가지만 김 감독은 숙소로 가지 않는다고 했다. 피트니스 센터에 가서 유산소 운동과 근육 운동을 해야 하기 때문이다. 이 노장 감독은 건강을 유지하는 일의 중요함을 가르쳐 주고 있다.

자신의 일에 몰입하라

현숙한 여인은 기초 체력을 갖고 무엇을 했는가? 장사가 잘될 때는 밤에도 등불을 끄지 않고 일했다(잠 31:18). 야근과 철야 작업도 했다는 것이다. 물론 언제나 밤에도 일한다면 일중독의 문제가 생길 것이다. 그런데 장사가 잘될 때는 집중했다고 한다. 준비해 둔 힘이 있었으니 필요할 때 힘을 내서 일할 수 있었을 것이다. 여인은 완급 조절을 하면서 몰입해 일하는 것을 알았다.

집중하는 것은 중요하다. 뭔가 느낌이 확 다가올 때의 전율을 경험해 봤는가? 상상이 휘황찬란한 날갯짓을 하며 비상하는 느낌, 아이디어가 퍼뜩 떠오르는 순간을 기억하고 있는가? 이는 몰입할 때 가능하다. 이런 아이디어를 가진 사람은 어떤 사람일까? 게으른데 운이 좋은 사람일까? 결코 아니다. 아이디어가 있는 사람은 열정이 흘러넘치는 사람이다. 늘 그것을 생각하고 집중하고 몰입하다 보니 아이디어가 떠오르는 것이다.

중력의 법칙을 발견한 아이작 뉴턴(Isaac Newton)에게 어떻게 그런 위대한 발견을 했느냐고 누군가 질문했다. 그러자 뉴턴은 이렇게 대답했다.

"한 가지만을, 그것 한 가지만을 생각했습니다."

우리는 그저 뉴턴이 사과나무에서 사과가 떨어지는 것을 보고 아이디어가 반짝 떠올라 만유인력의 법칙을 발견했다고 생각한다. 그러나 뉴턴은 스무 살 무렵에 페스트를 피해 시골로 내려가 지내다가 사과가 떨어지는 것을 보고 문제의식을 가졌다. 그리고 20여 년 후에 '만유인력의 법칙'을 발표했다. 그렇게 20년 동안 한 가지를 집중적으로 생각하여 성과를 낸 것이다.

자신의 일에 집중하고 몰두하면, 꿈을 통해서도 일을 이룰 수 있다. 독일의 약리학자 오토 뢰비(Otto Loewi)가 바로 그런 경우다.

1930년대 이전까지만 해도 과학자들은 근육의 신경 전달 체계에 대해 정확히 이해하지 못했다. 근육의 수축에 전기적 신호가 관련되어 있는 것은 알려졌으나 정확한 메커니즘은 밝혀지지 않았기 때문이다.

오토 뢰비는 신경 전달의 정확한 과정을 이해해 보려고 다각도로 노력하다가 많은 실패를 경험했다. 알듯 말듯, 손에 잡히는 듯했으나 답답하게도 풀리지 않았다. 그러던 어느 날, 뢰비는 잠을 자다가 꿈속에서 신경 전달의 복잡한 과정을 풀어냈다. 잠에서 깨어나 꿈에서 깨달은 몇 가지를 종이쪽지 위에 휘갈겨 써 놓은 그는 흡족한 마음으로 다시 잠을 청했다.

다음 날 아침에 일어난 뢰비는 기쁜 마음으로 간밤에 써 놓은 종이를 봤다. 그런데 아무리 봐도 자신이 쓴 글씨를 도저히 읽을 수 없었다. 아무리 해독해 보려고 해도 안 됐다. 하루 종일 꿈속에서 본 것을 생각해 내려고 했으나 안타깝게도 기억나지 않았다.

그런데 놀랍게도 그날 밤, 그 꿈이 다시 반복되었다. 잠자리를 박차고 일어난 뢰비는 종이에 적는 대신 실험실로 달려갔다. 그리고 꿈에서 본 대로 직접 실험을 했다. 동틀 무렵에 그는 개구리의 근육 속에서 신경 전달의 기본 성질을 발견했다. 근육의 수축은 전기적인 성질이 일련의 화학적 반응을 통해 신경 전달을 함으로써 가능하다는 사실을 밝혀냈다. '미주신경물질'(acetylcholine)을 발견한 것이다. 이 발견으로 오토 뢰비는 1936년에 노벨 의학상을 수상한다[폴 브랜드·필립 얀시, 《고통이라는 선물》(The Gift Of Pain: Why We Hurt & What We Can Do About It), 두란노, 2010. 71쪽].

위기의 순간에도 몰입하라

지금도 절대적 기준으로 환산하면 세계 최고의 부자 자리를 넘겨주지 않는다는 록펠러(John Davison Rockefeller)가 스탠더드 오일 회사를 운영할 때의 일이다. 한창 해외 유전을 개척할 때, 열심히 신앙 생활을 하는 한 임원이 있었다. 그는 성경을 읽다가 마치 머릿속에 번갯불이 스치고 지나가는 것 같은 느낌을 받고서는 자리에서 벌떡 일어났다. 바로 이 구절을 읽고 있었다.

"레위 가족 중 한 사람이 가서 레위 여자에게 장가들어 그 여자가 임신하여 아들을 낳으니 그가 잘생긴 것을 보고 석 달 동안 그를 숨겼으나 더 숨길 수 없게 되매 그를 위하여 갈대상자를 가져다가 역청과 나무 진을 칠하고 아기를 거기 담아 나일 강가 갈대 사이에 두고"(출 2:1~3).

그 임원은 어떤 단어에 주목했을까? 바로 '역청'(pitch)이라는 단어에 그의 눈이 고정되었다. 역청은 원유를 정제하여 기름을 유출해 낸 후 남은 찌꺼기다. 그는 소리쳤다. "바로 그곳에 석유가 있다! 그곳에 석유가 있어!" 그는 펄쩍펄쩍 뛰면서 외쳤고, 지질학자가 포함된 조사단을 이집트로 보냈다. 고고학자들의 도움을 받아 성경이 기록된 장소를 중심으로 현지 조사를 하다가 엄청난 규모의 유전을 발견했다. 그리고 그 유전은 스탠더드 오일 회사의 세계 시장 개척에 큰 기여를 했다(이채윤, 《록펠러: 십일조의 비밀을 안 최고의 부자》, 미래사, 2006. 130~131쪽). 위기의 순간에도 성경을 통해 일의 돌파구와 인생의 새로운 전기를 마련해 보겠다는 열정을 가진 사람에게 이런 놀라운 아이디어가 떠오른 것이다.

해고의 위기에 처했을 때도 집중하면 위기를 해소할 수 있다. 다음은 전에 섬기던 기독실업인회의 지부 모임에서 만난 분의 경험담이다. 그분은 지금 상조 회사를 경영하는데, 20년쯤 전에는 해동화재 보험회사의 수금 담당으로 일했다고 한다. 지금도 운영되는 지로(GIRO)로 금융기관에 대금을 납부하다가, 회사가 은행과 결제 시스템을 갖춰서 결제하는 펌(Firm) 뱅킹을 새로 도입하게 되었다고 한다. 그런데 당시 그 회사는 4개의 주요 은행들과는 개별적으로 결제 시스템을 갖추고 있었다. 지방에 있는 부산은행, 대구은행, 광주은행, 제주은행 등은 한 달씩 걸리는 결제 시스템을 갖추는 데 한계가 있었다. 지점장 회의를 하면 각 지역의 지점장들은 수금 담당이 무능하다면서 해고하라고 성화였다.

그는 해고의 위기 앞에서 절박한 심정이 되어 은행의 결제 시스템을 면밀히 살펴봤다. 시스템이 너무나 비효율적이었다. 그래서 금융결제원이 중간 역할로 은행과 기업을 연결해서 결제를 도와주고, 양쪽으로부터 비용을 받게 하는 새로운 결제 시스템을 A4 용지에 그려봤다. 기존에 갖춰진 은행의 전산망과 기업의 회계 처리 시스템을 직접 연결하는 방식이었다. 자금 관리, 입출금, 급여 이체는 물론 물품 대금의 결제까지 다양한 기업의 금융거래를 신속하고 편리하게 처리해 주는 서비스였다.

그는 금융결제원의 과장을 만나서 그 시스템에 대해 설명했다. 그러자 그 과장은 무릎을 치면서 감탄했다. 해고의 위기로 절박했던 그는 새로운 결제 시스템을 가장 먼저 해동화재 보험회사에 적용해 시험해 주는 것만 요구하고, 어떤 보상도 바라지 않았다고 한다.

그는 결제 시스템의 이름을 'CMS 계좌 이체 방식'(Cash Management Service)이라고 지어 주기까지 했다. 그는 해고의 위기에서 멋진 아이디어를 냈다. 기존의 펌 뱅킹은 나온 지 6개월 만에 종료되었고, CMS가 새롭고 유익한 결제 시스템으로 정착되어 세상에 유익을 주었다. CMS는 20년이 지난 지금도 널리 사용되는 계좌 이체 방식이다.

이런 아이디어를 가진 사람이야말로 잠언에서 말하는 '자기의 일에 능숙한 사람'(a man skilled in his work)이다(잠 22:29). 자기 일에 능숙하고 숙련된 사람, 근면하고 성실하게 일하는 사람에게는 기발한 아이디어가 떠오른다. 결국 왕 앞에 서는 일을 경험할 수 있다. 자기 일에 최선을 다하려고 집중하며 몰두하는 자가 이런 아이디어의 축복을 얻는다. 우리도 인생을 살면서 이렇게 멋지고 가치 있는 일에 몰입할 수 있어야 한다.

잠언 31장 19절에서는, 이렇게 밤낮을 가리지 않고 몰입해서 일하는 현숙한 여인의 모습을 "손으로 솜뭉치를 들고 손가락으로 가락을 잡으며"라고 묘사하고 있다. 이 표현은 물레를 잘 알아야 이해할 수 있다. 양손을 다 활용해서 일하는 물레질을 묘사한 것이다. 한 손으로 물레의 가락, 즉 실패 역할을 하는 것을 잡고 그 막대기에 감겨 있는 솜뭉치를 든다. 그리고 다른 한 손으로는 실이 자아져서 감기는 물렛가락을 잡는다. 이렇게 양손을 다 활용해서 부지런히 일하는 모습을 그려 주고 있다. 그야말로 가족을 위해 애쓰는 어머니의 모습을 보여 준다.

작고한 박완서 작가는 40세가 넘어서 작가가 되었는데, 전업주부 시절에 손뜨개질을 해서 아이들에게 옷을 입힌 이야기를 한 에세이에서 한다. 그녀는 일본 여행을 가서 책방에서 뜨개질 교본을 구입했다. 책에서 알려 주는 대로 맞춰서 하면 게이지가 정확하게 나왔다. 손뜨개질한 옷의 실을 풀어서 다시 뜨는 재미도 쏠쏠했다. 그런데 입던 옷의 오글오글한 실로는 일본 뜨개질 책에 나오는 정확한 게이지가 나오지 않았다. 그래서 긴긴 겨울밤, 화로에 얹은 주전자에 물을 끓여 가면서, 그 증기로 오글오글한 털실을 곧고 폭신한 새 실로 만들어 냈다. 그렇게 밤을 새워서 딸아이들에게 입힐 옷을 뜨개질한 것이다. 이 일에 대해 박완서 작가는 이렇게 표현한다.

"내 엄마 노릇의 고달픈 기쁨!"

왜 힘들지 않았겠는가. 고달팠을 것이다. 그런데 괴롭지 않고 기쁜 것이다. 자식들은 부모의 사랑을 지금 당장은 느끼지 못할 수도 있다. 그러나 느끼는 때가 있을 것이다. 이것이 바로 자식들을 위한 부모의 헌신이다. 잠언에 나오는 현숙한 여인은 가족을 위해 헌신하는 어머니들의 노고를 잘 보여 준다.

2.
움켜 쥔 손을 펼 때
손의 가치가 드러난다

"하나님은 우리가 가진 것을 나누는 것으로 우리를 판단하신다." -조지 뮬러(George Muller)

오래전에 아버지와 목회자로서 중요한 공부를 한 적이 있다. 지금은 군대에 가 있는 우리 집 큰아이가 초등학교에도 아직 들어가지 않은 7세였을 때, 설날을 앞두고 있던 어느 날이었다. 처가에 갔는데 처 외삼촌 댁인 철원에서 사 온 쌀 몇 포대가 쌓여 있었다. 궁금증이 많은 아들은 저게 뭐냐고 질문했고, 장모님은 설날에 목사님들과 전도사님들께 선물 드리려고 사 놓은 거라고 대답하셨다. 그러자 아들은 10kg 나가는 쌀 포대를 끄집어 내려서 끌고 나오더니 이렇게 말했다. "우리 아빠도 목사님이니까 이 쌀 하나 가져가요!"

아내가 이야기해 주는데, 아들이 장난으로 그런 것이 아니었다고 한다. 나는 충격을 받았다.

'목사는 받는 것만 많이 하다 보니까, 목사네 집 일곱 살 꼬마 아이도 그게 습관이 되어 머릿속에 각인되었나 보다. 내가 목사로서 받는 것에 익숙해지면 큰일 나겠다. 아이들 버리겠다!'

나는 진지하게 생각했다. 나눔에 대해 따끔하게 공부한 것이다.

내가 하는 일에서 기쁨을 느끼는가?

직업의 목적은, 먹고살기 위해 돈을 많이 버는 것만이 아니다. 돈 버는 것도 빠뜨릴 수 없는 중요한 목적이지만, 돈 벌기 위해서만 일하는 것은 아니다. 의미와 보람이 있어야 한다. 아무리 일을 열심히 해도 가정과 이웃과 사회를 향한 책임을 다하지 못하면 그 일은 바람직한 일이라고 하기 힘들다.

잠언에 나오는 현숙한 여인은 열심히 일하는 사람이다. 밤에도 등불을 끄지 않고(잠 31:18), 게을리 얻은 양식을 먹지 않는다(잠 31:27). 그런데 이렇게 일을 열심히 하는 모습을 보니, 일중독자인 것 같은 생각도 든다. 요즘 식으로 말하면, 경력을 매우 중요하게 생각하는 커리어지상주의자라는 의심이 생길 수도 있다.

하지만 그렇지 않다. 이 여인이 이기적인 모습을 보였다면 일중독자나 커리어지상주의자였을 것이다. 그런데 많은 부분에서 여인은 이타적이고 타인 중심적인 모습을 보여 준다. 그녀는 자신의 불만족을 채우기 위해 일에 빠지는 사람이 아니었다. 누군가에게 인정받기 위해 몸부림치는 사람도 아니었다.

현숙한 여인이 하는 일에는 기쁨이 있었다. 잠언 31장 13절을 보면, "부지런히 손으로 일하며"라고 했다. 이 문장은 "기꺼이 자발적으로 일한다"라고 번역될 수도 있다(worketh willingly with her hands. KJV). 스스로 기쁘게 일한다는 것이다. 여인이 일하는 모습을 주변 사람들이 볼 때 그것을 느낄 수 있었다. 기쁨을 갖고 일하니 부지런해 보이고, 일의 성과도 나는 것이다. 즐겁게 일하는지, 그저 죽지 못해 일하는지, 사람들 눈에 보이게 되어 있다. 그리고 본인도 느낀다. 현숙한 여인은 기쁘게, 기꺼이 자신의 일을 했다.

일하는 것은 여러 방면에서 기쁨을 느끼게 한다. 기쁨의 단계도 사람마다 다를 수 있다. 단지 일할 수 있다는 사실만으로도 기쁠 수 있다. 실업자를 생각해 보라. 실업 경험이 있는 사람들은 잘 알 것이다. 사실 직장인들은 쉬어도, 쉬어도 피곤하다. 긴 연휴 후에도 하루만 더 쉬고 싶다. 그런데 일을 그만하고 푹 쉬라고 하면, 쉬어도 쉬는 게 아니다. 그때는 정말 일하고 싶어진다. 그러니 오늘 일할 수 있다는 사실 자체에 감사하고 기뻐할 수 있어야 한다. 우리의 일터가 있고, 오늘 일거리가 있는 것이야말로 정말 감사한 일이다.

하나님이 내게 주신 은사와 달란트를 발휘할 수 있는 것도 기쁜 일이다. 하나님이 주신 나의 은사, 나의 강점으로 다른 사람들에게 유익과 기쁨을 줄 수 있다면 그것이 바로 기쁜 일이다. "왜 일하는가?"라고 질문할 때, 의미와 보람이라고 대답할 수 있는 것이다. 3M 중 'Meaning'이 여기에 해당된다.

AES의 전 CEO, 데니스 바케(Dennis W. Bakke)는 《일의 즐거움》(Joy At Work, 상상북스, 2007)이라는 책에서 즐겁게 일할 수 있는 일터를 만들기 위해 노력한 자신의 이야기를 전한다. 그는 "한번 즐겁게 일해 보자!"는 모토로 창업했다. 그리고 20년 만에, 31개국에서 4만 명의 직원들이 1억 명 이상의 사람들에게 전기를 공급하여 86억 달러의 매출을 올리는 세계 최대의 전력 생산 업체로 성장시켰다.

즐거운 일터를 만드는 리더의 역할에 대한 구체적 사례를 통해 창의적인 사고를 얻을 수 있다. 이 책에는 아프리카계 미국인인 토미 브룩스라는 사람이 나온다. 그는 19세에 결혼하여 가장이 되면서 작은 기계 회사의 정비공이 되었다. 몇 년 후에는 텍사스에 새로 생긴 AES 딥워터 발전소의 환경 팀에서 회사 생활을 시작했다. 그는 중앙 관제실 팀원이 되고, 이후에는 새 발전소에서 15명의 근로자로 구성된 업무 팀의 리더가 되면서 성장해 갔다. 그가 데니스 바케에게 보낸 편지를 보면, AES에서 하는 일이 그의 삶에 어떤 영향을 줬는지를 확인할 수 있다.

"존경하는 데니스,

제가 1986년, AES에 입사했을 때 그것은 저의 꿈과 목표를 향한 문이 열린 것이었습니다. 전통적인 관리 스타일에서 팀 개념으로의 조직 변화는 저에게는 엄청난 도전이었습니다. 관리 계층 수를 줄여서 모든 종업원들에게 의사결정권을 줌으로 즐거운 일터를 만들겠다는 AES의 경영 방식은 저를 AES 사람으로 성장시키고, 저의 가능성을 계발시키는 실질적인 기회가 되었습니다.

공정함, 온전함, 사회적 책임, 즐거움이라는 공유 가치들은 저의 기본적인 믿음과 모두 일치합니다. 그중에서도 제가 가장 좋아한 가치는 즐거움이었습니다. 저는 권한 위임, 행동의 자유, 의사 결정, 제가 훌륭한 의사 결정을 내릴 것이라고 믿어 주는 회사의 신뢰를 통해 즐거움을 얻는 목표를 달성할 수 있었습니다"(《일의 즐거움》, 255~258쪽).

이 책에서 말하는 '일하는 즐거움'은 거창한 것이 아니다. 자신의 모든 재능과 기량을 마음껏 사용해서 사회를 유익하게 하는 것이다. 이 목적을 달성하기 위해 회사에서는 일터의 구성원들에게 위임하고, 조직의 말단에 있는 작은 그룹이나 개인이 직접 의사 결정을 하도록 했다. 합당한 책임을 부여한 것이다.

심리학자인 에이브러햄 매슬로(Abraham H. Maslow)의 '인간의 욕구 이론'은 유명하다. 매슬로는 인간이 추구하는 최상의 욕구는, 존경에 대한 욕구를 넘어서는 '자아실현'의 욕구라고 했다. 사람들은 가치를 추구하는 삶을 살아갈 때 인생의 진정한 보람을 느낀다. 이런 가치와 의미를 찾지 못하는 인생은 공허하다. 뭔가 잡은 것 같은데 남는 것이 없게 된다. 우리가 하는 일의 목적에도 바로 이런 의미와 가치에 대한 진지한 추구가 있어야 한다. 그래야 우리의 일을 사명으로 여기며 보람된 인생을 살 수 있다.

내가 하는 일을 통해 나눔을 흘려보내는가?

현숙한 여인의 이타적이고 타인 지향적인 모습은 이웃을 사랑하는 태도에서도 나타난다. 이웃에 대한 사랑은 하나님을 향한 사랑에서 비롯된 것이다. 예수님은 한 율법사가 시험하여 물었을 때, 목숨 바쳐 하나님을 사랑하고, 이웃을 자기 몸같이 사랑하는 것이 온 율

법과 선지자의 강령이라고 말씀하셨다(마 22:35~40). 현숙한 여인에게
도 이웃 사랑이 구체적으로 제시되고 있다.

> "그는 곤고한 자에게 손을 펴며 궁핍한 자를 위하여 손을 내밀며"(잠 31:20).

어디서 많이 본 구절 아닌가? 잠언 31장 앞부분에서 왕의 책임을
말할 때 강조한 부분이다. 9절에서 왕의 책임을 말하면서 "너는 입을
열어 공의로 재판하여 곤고한 자와 궁핍한 자를 신원할지니라"고 했
다. 가난하고 고통 당하는 사람들의 억울한 문제를 공의로운 재판을
통해 해결해 주라고 왕에게 요구한 것이다. 입을 열고 목소리를 높
이라고 했다. 그런데 현숙한 여인, 즉 왕비에게는 같은 대상의 사람
들에게 손을 펴고 손을 내밀라고 한다. 이는 직접 도우라는 뜻이다.

이 두 가지 교훈은 서로 연결되면서, 오늘날 연약한 자들의 문제
를 해결하기 위해 합동 작전을 할 것을 강조한다. 목소리를 높여야
하는데, 직접 행동하지 않으면 문제는 해결되지 않는다. 무거운 엉덩
이로는 제대로 이웃을 사랑할 수 없다. 곤고한 사람, 궁핍한 사람의
원한을 풀어 주기 위해서는 직접 손을 펴서 내밀어야 한다. 말과 행
동이 일치될 때 세상을 향한 진정한 책임을 다할 수 있다.

나눔이 중요하다. 나만 사는 것이 아니다. '우리'라는 공동체를 염
두에 두어야 한다. 전도서 4장 6절은 중요한 이미지를 보여 준다.

> "두 손에 가득하고 수고하며 바람을 잡는 것보다 한 손에만 가득하고 평
> 온함이 더 나으니라."

양손을 다 채우려고 하면 탐욕이 될 가능성이 많다. 채우더라도 바람을 잡는 것같이 공허하다. 한 손에만 가득 채운다는 목표를 세우면 평온을 누리며 일할 수 있다. 한 손에만 가득 채우면 그 풍성한 자원을 가지고 다른 한 손으로 내가 쓸 수 있다. 또한 다른 사람과 나눌 수도 있다.

양손에 가득 채우려고 밤낮을 가리지 않고 노력한다면, 그 사람은 일중독자다. 자신을 위해, 기껏 가족을 위해 고생하다가 생을 마치고 말 것이다. 그런데 한 손에만 가득 채우고 다른 한 손을 펴서 자신이 가진 것을 나누면 행복하고 평온한 삶을 살 수 있다. 현숙한 여인은 이런 멋진 인생의 태도를 갖고 있었다.

〈로마의 휴일〉(Roman Holiday, 1953), 〈티파니에서 아침을〉(Breakfast At Tiffany's, 1961) 등의 영화로 유명한 배우 오드리 헵번(Audrey Hepburn)은 배우로도 유명했지만 봉사의 삶을 산 것으로도 귀감이 되었다. 자신도 암 투병 중이면서 아프리카의 아이들과 여러 사람들을 향해 봉사의 손길을 멈추지 않았다. 그녀가 유언처럼 남긴 말 중 사람의 두 손에 관한 말이 있는데, 전도서 4장 6절 말씀을 연상시킨다.

> "네가 더 나이가 들면 손이 두 개라는 걸 발견하게 된다. 한 손은 너 자신을 돕는 손이고, 다른 한 손은 다른 사람을 돕는 손이다."

오드리 헵번은 63세로 세상을 떠나기 한 달 전, 크리스마스를 앞두고 가족들에게 자신이 좋아하는 시를 읊었다. 그 시에 나오는 구절은 나중에 아들에게 남기는 유언이 되었다. 그녀가 세상을 떠난

1993년 1월 20일은 빌 클린턴(Bill Clinton) 미국 대통령의 42대 대통령 취임 날이었다. 미국의 여러 방송사에서는 대통령의 취임 소식보다 오드리 헵번의 별세 소식을 뉴스에서 먼저 다루며 애도했다고 한다.

우리는 돈 벌고 성공해서 나만을 위해 사는 것이 아니다. 다른 사람들을 돌보고, 하나님 나라를 세워 가는 일을 통해 인생의 사명을 다해야 하는 것이다. 이 사실을 잊지 말아야 한다. 나보다 힘든 사람들을 돕고, 세상의 정의를 위해 자신이 가진 것을 나누는 일은 젊은 시절부터, 아니 어린 시절부터 연습해야 한다. 삶의 습관이 되어야 손이 제대로 펴진다. 돈을 좀 더 많이 벌고 난 후에 나누겠다고 하면 손이 오그라들고 만다. 움켜쥐고만 있던 손을 펴서 나누는 것은 결코 쉽지 않다.

'가족을 돌보는 것이 우선 아닌가?' 이런 마음속 항변이 생길 수 있다. 맞다. 직장인이 자신의 가족을 부양하는 일은 참 중요하다. 성경은 현숙한 여인에 대한 구체적인 사례로 룻이라는 여인을 언급한다. 룻은 보리밭에서 이삭줍기를 하면서 시어머니를 부양하지 않았는가? 그 일은 참 귀한 일이었다. 가족을 부양한 일을 통해 역사가 일어났고, 역사를 만들어 낼 수 있었다.

잠언 31장 21절 이하에서도 현숙한 여인의 가족 부양에 대해 이야기한다. 자기 집 사람들은 다 '홍색 옷'을 입어서 겨울에도 안심이 된다고 한다. 홍색 옷은 옷감이 이중으로 되어 있어서 겨울 추위를 막아 주는 고급 옷이다. 팔레스타인 땅은 겨울에 그리 춥지 않지만, 가끔 눈이 오는 때가 있다. 날씨가 추워져도 미리 대비했기 때문에 별

다른 염려를 하지 않는다는 것이다.

세마포와 자색 옷(잠 31:22)을 입는다고 하는데, 이것들도 고급 옷이다. 세마포는 이집트에서 나오는 좋은 옷감이다. 자색 옷은 지중해에서 나오는 뿔고동을 염료로 해서 만든 것으로 왕족이나 귀족이 입던 옷이다. 돈을 많이 벌어서 좋은 옷을 가족에게 입히고, 가족을 위해 할 일을 다 했다는 것이다.

또한 "자기를 위하여 아름다운 이불을 지으며"(잠 31:22)라고 한다. 이 구절에는 성적인 함축이 담겨 있다. 남편과의 잠자리를 위해 투자한다는 것이다.

이렇게 현숙한 여인은 가족을 위해 돈을 쓰고 고급스러운 물건을 사면서 신경을 쓴다. 우리도 먼저 가족을 부양하기 위해 애써야 한다. 직업의 목적 3M 중 첫 번째 M이 바로 경제적 측면 아니겠는가? 우리는 반드시 신경 써서 가족을 돌봐야 한다.

그런데 가족을 다 돌본 후에 이웃을 돌아보려고 하면 이웃은 굶주리고 억울해서 제대로 살지 못한다. 가족을 위한 세마포와 자색 옷을 10벌, 20벌 마련할 때까지 기다리지 말아야 한다. 침대보를 달마다 바꾸려고 하지 말고 딱한 이웃을 생각해야 한다. 곤고한 자, 궁핍한 자를 위해 손을 펴고 손을 내밀어야 하는 것이다. 가족을 위해 어느 정도까지 지출할 것인지, 적당한 선을 정하는 것이 좋다.

이는 동심원으로 표현되는 우리의 이웃 개념과도 연결된다. 내가 가운데 있고, 그 다음에 내 직계 가족이 있다. 그리고 친척, 이웃, 나와 관계된 공동체 안의 사람들, 우리 지역의 사람들, 우리나라 사람들, 이웃 나라의 사람들, 세계 시민으로 확대되어 가야 한다.

나의 필요를 다 채워야 한다고 생각하면 부자 농부처럼 이렇게 독백하기 쉽다.

"영혼아 여러 해 쓸 물건을 많이 쌓아 두었으니 평안히 쉬고 먹고 마시고 즐거워하자"(눅 12:19).

내 가족의 필요를 다 채운 후에 이웃을 생각하겠다고 하면, 우리는 평생 가족만 돌봐야 한다. 사람의 욕심이 끝이 있는가? 적당한 한계를 정하고 손을 밖으로 계속 내밀어야 한다. 우리가 버는 돈이 많아질수록 우리의 손이 바빠야 한다. 계속 끌어안고 있으면 우리의 손은 오그라들고 만다.

충남 금산에서 영성 수련 단체인 전원 살림 마을을 운영하는 장길섭 목사는《라보레무스: 자 일을 계속하자》(나마스테, 2014)에서 의미와 보람을 찾아 일하는 한 사람을 소개한다. 한 기관에서 설문 조사를 한 바에 따르면, "일을 왜 하느냐?"는 질문에 '돈' 때문이라고 대답한 비율이 50%였다고 한다. 장 목사는 "그렇다면 나머지 50%는 무엇을 위해 일을 할까?"라고 질문하면서 한 페인트공을 소개한다.

그의 아버지는 오래도록 페인트칠을 하며 살았다. 아버지의 소원은 아들에게는 그 일을 안 시키는 것이었다. 다행히 아들은 운동에 소질이 있어서 전북대학교 체육학과를 나와 체육 선생님이 되었다. 아버지는 아들이 선생님이 된 것을 최고의 자랑으로 여겼다. 그런데 아들이 3년 만에 교사를 그만두고 페인트공이 되겠다고 선언했다. 교사는 적성이 안 맞아서 못하겠고, 페인트칠하는 아버지를 존경하고 있으며, 그 일은 잘할 수 있다고 했다. 그리고 결국 페인트공이 되었다.

그는 고층 빌딩까지 줄을 타고 올라가서 페인트칠을 하다가 장길섭 목사의 전원 마을에 와서 일하게 되었다. 그런데 장 목사는 그 사람이 일하는 것을 보고는 도인을 만났다고 고백한다. 어떻게 일을 하기에 그렇게 칭찬할까? 그는 일을 잘하는 것은 물론이고, 불평불만이 없다고 한다. 남 탓을 안 하고, 하루하루의 마무리가 늘 깔끔하다고 한다. 얼마에 일할 건지 처음부터 말하지 않고, 해 봐야 안다고 한다. 일을 다 끝내고 철수한 뒤 며칠 만에 나타나서는 무슨 문제가 없느냐고 묻는다. 자신이 한 바퀴 둘러보고, 알아서 보수한 후에야 청구서를 내민다. 그래서 해마다 전원 마을의 모든 페인트칠은 그 사범대학교 출신의 페인트공에게 맡긴다고 한다.

세간의 상식적인 평으로는 교사라는 직업이 페인트공보다 훨씬 우월하게 느껴진다. 페인트칠하는 일은 흔히 말하는 3D 업종이다. 그런데도 그는 자신의 적성과 소질에 맞는 일, 아버지가 하시던 그 일을 기꺼이 선택했고, 멋지게 일하고 있다(《라보레무스: 자 일을 계속하자》, 58~59쪽).

나는 과연 의미와 보람을 찾아 일하는가? 나 하나 먹고사는 것에 만족하는 것이 아니라, 가족과 이웃과 세상을 향해 나눌 의도를 갖고 살아가는가? 한번 돌아볼 수 있어야 한다.

3.
일터에서 하나님을 경외하는
왕과 왕비가 되라

> "하나님을 경외할 때 가장 뚜렷하게 나타나는
> 현상은 하나님 외에는 다른 아무것도 두렵지
> 않게 되는 것이다." -오스왈드 챔버스(Oswald
> Chambers)

어느 주일 오후에 운전하고 가는데, 라디오 방송에서 '미네소타 프로
젝트'(Minnesota Project)라는 생소한 이야기가 흘러나왔다. 미국 미네
소타 대학교에서 서울대학교에 의료 지원을 했는데, 이제는 서울대
학교가 의료 발전이 더딘 나라들에 의료 혜택을 베푸는 역할을 한다는
내용이었다. 나는 간단히 메모한 후에 인터넷에서 자료를 찾아봤다.

　오늘날 한국의 의료 수준은 위암 치료나 신장 이식 같은 몇몇 분
야에서는 세계 최고라는 평가를 받는다. 한국 의료계의 비약적인 발
전 뒤에는 60여 년 전 진행된 '미네소타 프로젝트'라는 지원 사업이
큰 역할을 했다. 이 프로젝트는 서울대학교 의과대학의 전문 인력을
미네소타 대학교로 데려가서 연수를 시켜 주는 사업이었다. 1955년

에 첫 번째 미국 연수가 있었다. 77명의 서울대학교 의과대학 교수
진이 미네소타 대학교에 가서 짧으면 4개월, 길면 4년간 의료 연수
를 받았다. 1961년까지 7년 동안 총 226명의 서울대학교 교수들이
미국 연수를 받았다. 그리고 총 59명의 미네소타 대학교 자문관들이
한국에 상주하면서 의과대학 교육 체계의 전반을 자문했다.

초기에 미국에 간 77명의 교수진 중 73명이 한국으로 돌아왔다.
이 비율은 다른 나라를 대상으로 한 지원 프로젝트와 비교하면 대단
히 높은 비율이라고 한다. 인도와 다른 몇몇 나라들은 수십 명이 미
국으로 건너와서 연수를 받은 후, 대다수가 미국에 남고 몇 명만 본
국으로 돌아가서 실패하는 경우가 많았다고 한다. 당시에 한국으로
돌아온 73명의 교수들은 만일 미국에 머무르면 받을 수 있는 몇 배
의 보수와 좋은 근무 여건을 포기했다. 조국의 의료 발전을 위한 열
정으로 한국에 돌아온 것이다. 그리고 그들은 우리나라의 의료 발전
에 큰 기여를 하게 된다.

이런 은혜를 입었기에, 서울대학교에서는 한국판 '미네소타 프로
젝트'를 펴기 위해 '이종욱글로벌의학센터'라는 기구를 세우고 2012년
8월 13일에 개소식을 열었다. 세계보건기구(WHO) 사무총장을 지낸
고 이종욱 박사의 숭고한 뜻을 기려 국제 의료 문제 연구 및 후진국 의
료 지원 등을 수행하기 위해 만든 기관이다. 라오스, 베트남 등 동남아
시아 개발도상국의 의료인들을 한국에 초청해 첨단 의료 교육을 받
게 하고, 우수한 의사들을 양성하여 돌려보내는 활동을 하고 있다.

받은 은혜에 감사하면서, 그 은혜를 다른 사람들에게도 베풀어서
세상을 아름답고 복되게 하는 것은 매우 바람직한 책임 의식이다.

영화 〈아름다운 세상을 위하여〉(Pay It Forward, 2000)는 세상을 아름답게 만들기 위해 내가 받은 사랑을 다른 사람에게 되갚는 운동을 감동적으로 담아냈다. 신앙의 책임은 세상의 이웃을 향한 이타적인 행동을 요구한다.

믿음은 사랑으로 나타난다

잠언의 내용은 두 가지로 요약할 수 있다. 첫 번째는, 하나님을 바르게 알고 경외하게 하는 지혜를 배우는 것이다. 잠언에서는 누누이 이 지혜를 강조하고 있다. 그런데 하나님을 알고 하나님을 경외하는 지혜만으로 끝나는 것이 아니다. 지혜에는 지향점이 있다. 하나님을 아는 지혜는 반드시 이웃 사랑을 지향한다.

잠언에 나오는 구체적인 교훈을 반복적으로 강조된 것들을 중심으로 정리해 보면 부모 공경, 근면, 성실, 겸손, 정의 구현, 성적 절제, 인내, 말조심, 관용과 베풂 같은 미덕이다. 이 미덕은 하나같이 공동체의 샬롬을 지향한다. 하나님을 경외하는 지혜가 이런 이웃 사랑을 가능하게 하는 것이다.

하나님을 경외하는 것은 잠언의 대전제와도 같다. 그런데 이것은 이웃을 사랑하는 모습으로 나타나야 한다. 잠언 31장의 현숙한 여인이 바로 이런 모습을 보여 준다.

우리는 인생을 살고 일을 하면서 참된 기쁨을 누려야 하는데, 잠언을 보면 그 기쁨이 이렇게 표현되어 있다.

"고운 것도 거짓되고 아름다운 것도 헛되나 오직 여호와를 경외하는 여
자는 칭찬을 받을 것이라"(잠 31:30).

현숙한 여인이 왜 현숙한 여인인가? 바로 '여호와를 경외하는' 여
인이기 때문이다. 우리가 일하고 살아가면서 얻을 수 있는 최고의
기쁨은, 하나님의 영광을 위해 일하는 것이다. 현숙한 여인이 불철주
야 애쓰며 능력을 발휘하고, 이웃을 사랑하며, 가족을 부양한 것은
바로 하나님을 향한 사랑과 경외함에서 나오는 것이다. 이는 3M 중
'Mission'에 해당한다. 하나님이 우리에게 주신 사명으로 우리의 믿
음과 믿음이 가진 책임을 표현해야 한다.

잠언에서는 여호와를 경외하는 것이 지혜의 근본적 본질이라고
반복하여 강조한다.

"여호와를 경외하는 것이 지식의 근본이거늘 미련한 자는 지혜와 훈계
를 멸시하느니라"(잠 1:7).

"여호와를 경외하는 것이 지혜의 근본이요 거룩하신 자를 아는 것이 명
철이니라"(잠 9:10).

현숙한 여인이 여호와를 경외하는 자이니 지혜로울 것은 너무도
당연하다. 여인이 탁월하게 일하는 능력을 발휘하고, 이웃들을 섬기며,
삶의 의미를 추구할 수 있었던 이유는 바로 이 지혜로운 믿음 때문이
다. 여호와를 경외하면 지혜롭지 않을 수 없다. 잠언은 집요할 정도로

여호와를 경외하는 믿음이 인생의 전제라는 점을 강조한다.

여호와를 경외하면 하나님을 알게 된다(잠 2:5). 여호와를 경외하면 악을 떠나게 된다(잠 3:7). 악을 미워하게 되고, 교만과 악한 행실에서 벗어나게 된다(잠 8:13). 여호와를 경외하면 장수하게 된다(잠 10:27). 여호와를 경외하면 정직하게 행동한다(잠 14:2). 여호와를 경외하는 자에게는 견고한 의뢰가 있다. 믿을 구석이 있게 된다는 말이다. 여호와를 경외하는 자의 자녀들에게도 피난처가 있게 된다(잠 14:26). 여호와를 경외하는 것은 생명의 샘이다(잠 14:27). 여호와를 경외하는 자가 재산과 연봉이 적어도 돈 많고 지옥에 떨어지는 것보다 낫다고 한다(잠 15:16). 절대적 풍요는 아닐지라도 자족의 은혜를 얻을 수 있는 것이다. 여호와를 경외하면 악에서 떠나게 된다(잠 16:6). 여호와를 경외함의 보상은 재물과 영광과 생명이라고 한다(잠 22:4). 잠언 기자는 이 외에도 여러 구절에서 여호와를 경외하는 믿음의 유익을 설명한다.

여호와를 경외하는 믿음이 오늘 우리에게 요구되는 기본적인 책임이다. 이 책임을 다한 후에 우리는 가족을 세워 주고, 일을 통해 사람들을 섬기고, 세상을 복되게 할 수 있다.

나눔을 행동으로 실천하라

현숙한 여인은 여호와 경외라는 믿음의 기초 위에 인생의 우선순위를 정립해 나갈 수 있었다. 잠언 31장에는 일과 이웃과 가정 순으로 나오는데, 삶의 우선순위로 본다면 가정이 앞에 와야 할 것이다.

현숙한 여인은 결혼 서약에 충실했다. 남편이 장로들과 함께 성문에 앉고, 사람들의 인정을 받는 일에도 내조의 역할을 다했다(잠 31:23). 아내가 능력을 발휘해서 집안의 여러 가지 일들을 맡아서 하니, 남편이 사회생활을 하면서 지도자의 역할을 감당할 수 있었을 것이다. 또한 현숙한 여인은 가족들의 필요를 채우기 위해 끊임없이 최선을 다했고, 부지런히 일했다. 그러자 현숙한 여인의 자녀들이 일어나 어머니에게 감사한다. 남편은 아내를 칭찬한다.

"덕행 있는 여자가 많으나 그대는 모든 여자보다 뛰어나다"(잠 31:29).

남편이 아내를 칭찬하는 말 중에 이만한 찬사의 멘트가 또 있겠는가? 아내의 미덕과 행실에 대해 최고의 칭찬을 하고 있다.

하지만 현숙한 여인의 관심은 자기 가족에게만 향하지 않는다. 가난한 자들에게 구제와 사랑의 손길을 베풀었고(잠 31:20), 그들에게 친절하고 자비롭게 말하고 응대했다(잠 31:26). 하나님을 믿는 신앙에 근거한 이웃 사랑으로 인해 칭찬이 가족의 울타리를 넘어 확산되었다.

"그 손의 열매가 그에게로 돌아갈 것이요 그 행한 일로 말미암아 성문에서 칭찬을 받으리라"(잠 31:31).

현숙한 여인의 손으로 베푼 모든 일의 열매가 그녀에게로 돌아갈 것이다. 남편이 장로로 앉아 있는 성문에서 그 행한 일들로 인해 칭찬받을 것이다.

영국 성공회의 사제이자 저명한 신약 학자인 톰 라이트(N. T. Wright)는《그리스도인의 미덕》(After You Believe, 포이에마, 2010. 389~394쪽)에서 예수를 주님으로 고백하는 신앙이 일상에서 살아 있는 현실이 되어야 함을 지적한다. 그는 섬김의 원동력은 교회의 생명력에서 비롯된다는 것을 초대교회의 사례를 들어 입증한다.

톰 라이트는 로드니 스타크(Rodney Stark)의《기독교의 발흥》(The Rise of Christianity, 1996)에 나오는 인상적인 대목을 인용한다. 고대 터키에서 전염병이 돌았을 때 많은 부자들, 특히 의사들은 재산을 모아 가족과 함께 전염병을 피해 도시를 떠났다. 그런데 대부분이 극빈자거나 노예였던 크리스천들은 남아서 환자들을 돌봤다. 환자들 중 건강을 되찾은 사람들도 있었고, 때로는 크리스천들이 환자들을 돌보다가 전염병에 걸려 죽기도 했다. 그들의 행위는 무엇을 말해 주는가? 그들은 왜 그런 활동을 했으며, 그렇게 행동한 마음의 습관은 무엇인가? 톰 라이트는 이렇게 기록한다.

"그들은 예수와 그들이 예수를 통해 발견했던 하나님, 과거에나 현재에나 자기를 내어 주는 사랑의 성품을 지니신 하나님에 관해 얘기하곤 했다. 바로 이런 행위 때문에 4세기 초에 이르기까지 로마의 박해자들이 온갖 수단을 동원하여 그리스도인을 박해했음에도 불구하고 기독교가 빠르게 퍼져 나가게 되었다고 스타크는 주장했다. 그래서 결국 로마 제국의 거의 반쪽이 그리스도인이 되었고, 황제들은 이기고 있는 쪽에 합류하는 편이 낫겠다고 생각했던 것이다"(《그리스도인의 미덕》, 392~393쪽).

하나님께 사랑받은 사람이 말로만 그 사랑을 들려주는 것이 아니라 몸으로 직접 보여 주면, 사람들이 감동받는다. 우리는 일터와 세상에서 사랑을 실천하는 습관을 훈련해야 한다.

감옥에서도 사명은 꽃을 피운다

미국 닉슨 대통령의 참모였다가 워터게이트 사건에 연루되어 수감 생활을 한 찰스 콜슨(Charles Colson)은 《이것이 인생이다》(God Life, 홍성사, 2007)라는 책에서 감옥 생활을 통해 얻은 깨달음을 이야기한다. 그는 감옥에 있을 때 다시는 의미 있는 삶을 살지 못할 것이라고 생각했다. 그런데 한 친구가 준 책이 도움이 되었다. 히틀러에게 용감히 대항하다가 감옥에 갇혀 처형당한 디트리히 본회퍼의 《옥중연서》(Brautbriefe Zelle 92, 복있는 사람, 2013)라는 책이었다.

본회퍼는 감옥 생활이 자신의 습관과 생각에 영향을 미칠까 봐 두려웠다. 그래서 매일 아침 5시에 일어나 기도와 성경 읽기를 하고 냉수로 샤워했다. 독서, 글쓰기 등 다양한 하루 일과를 수행했다.

찰스 콜슨은 자신도 시간을 무의미하게 보내지 않으려고 노력했다. 감옥의 세탁실에서 세탁기를 돌릴 때, 정말 빨랫감 때문에 바쁜 시간은 8시간 중 1시간뿐이었는데, 그 시간에도 책을 읽으면서 어떻게 살아가야 할지를 생각했다. 그러다가 그는 중요한 사실을 깨달았다. 바로 세탁실에서 하고 있는 그 일이 중요하다는 것이었다. 어떤 일이든 의미를 찾을 수 있고, 만족할 수 있고, 사명을 찾을 수 있음을 깨달은 것이다.

찰스 콜슨은 출소한 후 1976년에 교도소선교회를 설립하여 수감 생활을 하는 사람들에게 도움을 주기 위해 노력했다. 어느 부활주일 아침, 그는 미시시피 주 교도소의 죄수들에게 강연한 후 평소처럼 사형수들을 방문했다. 한 감옥에 가까이 갔을 때, 자신을 샘이라고 소개하는 아프리카계 미국인 사형수가 찰스 콜슨이 쓴 책과 사역을 통해 많은 격려를 받았다며 감사를 표현했다. 알고 보니 샘은 신학을 공부하고 있었는데, 만일 나가게 되면 설교를 하고 싶고 찰스 콜슨처럼 사역자가 되고 싶다고 했다.

찰스 콜슨은 그 방에는 다른 재소자들의 방과는 달리 텔레비전이 없다는 사실을 발견하고, 물자배급소를 통해 텔레비전 한 대를 보내 주겠다고 제안했다. 그러자 샘은 고맙지만 텔레비전이 없는 게 더 좋다고 했다. 시간을 많이 낭비하기 때문이라는 것이다. 죽을 날을 기다리며 하루하루를 지워 가는 사형수가 시간을 생산적으로 사용하려고 하는 모습에서 찰스 콜슨은 충격을 받았다. 판사들이 언제 그를 사형시킬지 의논하고 있는 시간에도 자신의 보람된 비전과 사명을 위해 매진하는 샘이 정말 놀라웠다.

감사하게도 샘은 그의 상소가 성과가 있어서 감옥에서 풀려났다. 결국 자신의 신앙을 많은 사람에게 전할 기회를 얻었다. 샘은 감옥에서조차 의미 있는 삶, 자신의 사명을 준비하는 삶을 살았다(찰스 콜슨·해럴드 피케트,《이것이 인생이다》, 홍성사, 2007. 134~139쪽).

지금까지 잠언 31장에 나오는 왕과 왕비의 모습을 살펴봤다. 이는 창조 명령을 실행할 사명(창 1장)을 가진 아담과 하와의 후손으로서, 하나님의 지상 대리인으로서 살아가야 할 우리의 모습이다. 우리는 하나님이 허락하신 자원들을 지혜롭게 활용하도록 사명을 부여받은 사람들이다. 세상의 창조주이신 하나님의 지상 대리인으로서 큰 왕이신 하나님을 섬기는 작은 왕들이다.

현숙한 여인은 집안에서 하는 일을 통해 가족 공동체를 세워 나간다. 또한 빈곤한 자를 위해 물질을 나눠서 가족보다 더 큰 공동체, 즉 사회와 세상을 돌본다. 하나님의 창조 명령을 수행하는 것이다. 생육하고 번성해서 정복하고 다스리는 일을 하는 것이다. 그리고 현숙한 여인은 하나님을 경외한다. 이 믿음이 그가 하는 모든 일의 전제가 되고 근본이 된다. 그래서 Money, Meaning, Mission의 3M을 완성한다. 우리는 세상 속에서 살아가면서 하나님의 창조 사역을 대리하는 왕과 왕비의 사명을 감당해야 한다.

1. 서울대학교 황농문 교수는 자신의 일에 몰입하기 위한 방법으로 '20분 몰입'을 제안한다. 이는 한 주제에 대해 20분간 집중적으로 몰입하여 생각나는 아이디어를 적는 것이다. 마이크로소프트 사는 '생각 주간'(Think Week)을 만들어서 그 시간에 온전히 집중하게 한다. 자기만의 몰입 방법을 정해 정기적으로 시도하는 것이 좋다. 내가 시도할 구체적인 방법을 적어 보자.

2. 한 기업에서 '일하는 즐거움'을 스스로 느끼게 하기 위해 시작한 '시스톰' 방식을 개인적으로 적용하거나 기업 운영 시스템으로 활용할 수 있다. 소설 《톰 소여의 모험》(The Adventures Of Tom Sawyer, 1876)에서 톰은 장난을 친 벌로 울타리 페인트칠을 하게 된다. 톰은 친구들에게 페인트칠은 아무나 할 수 있는 일이 아니고, 특별하고 재미있는 일이라고 동기부여를 한다. 이것을 '시스톰'이라고 이름 붙인 것이다. 톰은 가만히 놀면서 친구들의 보물을 다 받고도 울타리를 2번이나 칠하는 성과를 냈다.
이렇게 일에 즐거움을 부여하는 나만의 방법을 찾아보자. 개인적인 동기부여(보람, 사명 등)도 있고, 일터 현장에서 시행할 동기부여(인센티브, 승진 등)도 있을 것이다.

3. 잠언 31장 20절은 연약한 자들을 위해 구체적으로 내미는 손을 언급한다("그는 곤고한 자에게 손을 펴며 궁핍한 자를 위하여 손을 내밀며"). 나는 과연 '남을 위해 사용하는 손'을 제대로 펴고 있는지 돌아보자. 연약한 사람들을 돕는 손길이 나의 지출 중 중요한 부분이 되게 하자.

4. 톰 라이트의 지적대로 예수님을 향한 우리의 신앙은 세상에서 구체적으로 사랑의 미덕으로 나타나야 한다. 하나님을 경외하는 현숙한 여인의 삶이 세상을 복되게 한 것같이 오늘날에도 사랑의 실천이 꼭 필요하다. 나는 믿음을 실천하고 있는가? 내가 실천하는 사랑과 봉사의 습관은 어떤 것인가? 아직 없다면 이 기회에 시작해 보자.

Part 5

한 번 부끄러운 것이 아니라
한 번 죄짓는 것이다

1.
크리스천이라는 깡으로
세상 유혹에 맞서라

"백 권의 책에 쓰인 말보다 한 가지 성실한 마음이 사람을 움직인다." - 벤저민 프랭클린
(Benjamin Franklin)

우리는 유혹을 피해 살아갈 수 없는 시대를 살고 있다. 맞닥뜨려야 한다면, 세상의 유혹을 이겨 낼 내공이 필요하다. 그러면 어디서 유혹을 이길 힘을 얻을 수 있을까? 오래전에 치유 상담 사역을 하는 정태기 박사의 강의 테이프를 정리하다가 들은 이야기다.

정 박사는 미국에서 꿈에 대해 연구하던 시기에 교포인 강 집사의 식사 초대를 받았다. 정 박사는 본 적 없는 호랑이 고기가 있기에 실컷 먹고는, 거실에서 비디오를 보면서 호랑이를 사냥한 이야기를 듣게 되었다.

눈이 많이 오던 날, 강 집사 형제는 사냥개 두 마리와 함께 사냥을 나갔다. 그런데 호랑이의 포효 소리가 들렸다. 두 형제는 총을 고쳐

잡고 호랑이 발자국을 따라 서서히 걸어갔다. 개들이 주인을 부르는 소리가 들렸다. 소리가 나는 쪽으로 가 보니 개들이 나무 밑에서 짖고 있고, 호랑이는 나무 위에 올라가 있었다. 깜짝 놀라서 나무 위에 있는 호랑이를 총으로 쏘아 떨어뜨렸는데, 그야말로 황소만한 호랑이였다. 강 집사는 지역신문에 보도된 사진도 보여 줬다.

정 박사는 심리 분석을 해 봤다. 먼저 호랑이의 심리 상태를 분석했다. 그 호랑이는 지금껏 큰 소리로 포효하거나 으르렁거리면 달아나지 않은 짐승이나 사람이 없었다. 그런데 그 사냥개들은 겁 없이 덤벼든 것이다. 그러니 호랑이는 순간적으로 당황했을 것이고, 기선을 제압당해 나무 위로 몰리는 수모를 겪었을 것이다. 나중에 확인해 보니, 사냥개들은 몸에 상처를 한 군데도 입지 않았다고 한다.

사냥개들의 심리 상태도 분석했다. 강 집사의 사냥개들은 지난 5년 동안 주인과 함께 사냥을 나가서 쓰러뜨리지 못한 사냥감이 없었다. 그러니 덩치가 크고 낯설긴 하지만 호랑이 앞에서도 기죽지 않고 사정없이 덤볐을 것이다. 그래서 호랑이를 나무 위로 쫓을 수 있었던 것이다.

이 이야기를 들으면서, 우리가 세상에서 가져야 할 내공은 사냥개의 용기 같은 것이라고 생각했다. 이 사냥개들이 느꼈을 심리는 다윗이 가진 배짱, 믿음과 비슷하다. 다윗은 하나님이 함께하셔서 맹수들을 물리쳐 이긴 경험을 갖고 있었다. 하나님과 함께하니 가능했다. 그래서 그 믿음을 가지고 새로운 적, 블레셋의 거인 장수 골리앗과 담대히 맞설 수 있었던 것이다. 골리앗뿐 아니라 다섯 종족의 거인 장수들을 다 상대하겠다며(삼하 21:15~22) 5개의 물맷돌을 가지고

나선 것이다. 오늘 우리는 바로 이런 용기로 무장하여 세상의 유혹
과 맞서야 한다.

세상의 유혹, 누구나 겪는다

욥기는 아브라함이 살던 족장 시대에 동방에 살았던 욥이라는 의
인이 사탄의 음모로 큰 고통을 겪은 이야기를 기록한다. 욥은 10명
의 자녀를 다 잃고, 그 많던 재산도 모두 잃고, 건강도 극도로 나빠
져서 고통스러운 나날을 보냈다. 친구들이 찾아와서 힘든 처지에 빠
진 욥을 위로하는 대신 비판하고 논쟁하느라 더욱 어려움에 빠졌다.
하지만 욥은 자신은 하나님의 징계를 받을 만한 죄를 짓지 않았다고
항변했다. 그리고 양심선언을 하면서 자신이 어떤 삶을 살았는지를 말
한다(욥 31장). 주로 일하는 사람의 윤리적 책임에 대해 고백한다. 요즘
같으면 기업 CEO의 책임 있는 비즈니스 윤리 선언이라고 할 수 있다.

욥기 31장은 일하는 사람의 책임을 6개의 범주로 언급한다. 인권
보장(13~23절)과 사람을 향한 사랑의 실천(29~37절)을 언급한다. 진실
과 정직(5~8절), 정의로운 기업 활동(38~40절)을 언급하면서 정직한
비즈니스를 고백한다. 또한 욥은 유혹에 대처하는 책임감 있는
용기를 말한다. 성적 유혹(1~4, 9~12절)과 재물에 대한 유혹(24~28절)을
비중 있게 다루면서 자신의 결단과 대응 방법을 간증한다.

이 부분을 중심으로 유혹에 대처하는 욥의 책임 있는 자세를 먼저
배워 보자. 욥은 세상 속에서 겪는 유혹에 대해 숨기지 않았다. 그는
성적 유혹에 대해 이렇게 말한다.

"만일 내 마음이 여인에게 유혹되어 이웃의 문을 엿보아 문에서 숨어 기다렸다면"(욥 31:9).

재물의 유혹에 대해서는 당시 사람들의 해와 달 숭배를 언급하면서 이렇게 말한다.

"내 마음이 슬며시 유혹되어 내 손에 입 맞추었다면"(욥 31:27).

욥은 만일 자신이 어떤 죄를 지었다면 그에 합당한 저주가 내려도 좋다고 하면서, 강경하게 자신의 결백을 증명한다. 그리고 하나님이 자신의 무죄에 대한 강한 확신을 입증해 주시기를 바란다.

성적 유혹 앞에 예외란 없다

욥은 단도직입적으로 선언한다.

"내가 내 눈과 약속하였나니 어찌 처녀에게 주목하랴"(욥 31:1).

욥은 젊은 여성을 성적 욕심의 눈으로 바라보지 않겠다고 스스로 엄격하게 다짐했다. 그는 경건하고 신실한 신앙인이었다. 하나님은 사탄에게 욥을 가리켜 "온전하고 정직하여 하나님을 경외하며 악에서 떠난 자"라고 하시며 세상에 욥과 같은 사람이 없다고 하셨다(욥 1:8). 그럼에도 성적 유혹을 받는 것에서는 욥도 예외가 아니었다. 하지만 욥은 하나님이 성적인 범죄를 싫어하시는 것을 잘 알고 있었다. 그래서 잘못하면 하나님 앞에서 어떤 축복도 받지 못할 것이라고 말한다.

"그리하면 위에 계신 하나님께서 내리시는 분깃이 무엇이겠으며"(욥 31:2상).

무엇보다도 그것이 하나님 앞에서 죄악이며, 하나님의 저주를 받을 일인 것을 알았다.

"그것은 참으로 음란한 일이니 재판에 회부할 죄악이요 멸망하도록 사르는 불이니 나의 모든 소출을 뿌리째 뽑기를 바라노라"(욥 31:11~12).

특히 욥은 탐욕을 갖고 이성을 바라보는 것, 즉 호색과 음욕(욥 31:1~4)과 더불어 성적 탐욕을 실행에 옮기는 성적 범죄, 즉 간음(욥 31:9~12)을 언급한다. 호색도 죄지만 간음은 더 큰 죄다.

지금 이 시대는 섹스어필 사회라고 할 수 있다. 다양한 매체를 통해 음란의 유혹에 빠질 수 있다. 이런 상황에 오래 노출되다 보면, 소돔 사람들의 음란하고 악한 모습에 유혹받아 심령이 상한 롯처럼 될 수 있다.

"무법한 자들의 음란한 행실로 말미암아 고통 당하는 의로운 롯을 건지셨으니 (이는 이 의인이 그들 중에 거하여 날마다 저 불법한 행실을 보고 들음으로 그 의로운 심령이 상함이라)"(벧후 2:7~8).

우리도 욥이 한 것처럼 자신의 눈과 약속을 해 보자. 현대사회에서 이성을 바라보지도 않겠다고 약속한다면 아마 속세를 떠나야 할 것이다. 산속으로 들어가도 그 약속을 지키기는 쉽지 않을 것이다. 우리는 사회생활을 하면서 어쩔 수 없이 이성을 보더라도 음탕한 마음을 갖지 않으려고 노력해야 한다.

나아가 이 시대에 여기저기 널려 있는 성적 유혹의 미디어나 도구들로부터 멀어지겠다고 약속해야 한다. 유혹받을 때면 내 아내나 남편, 내 딸이나 아들이 그런 일을 당하는 것을 상상해 보는 것이다. 욥은 그런 각오를 하고 있다.

> "만일 내 마음이 여인에게 유혹되어 이웃의 문을 엿보아 문에서 숨어 기다렸다면 내 아내가 타인의 맷돌을 돌리며 타인과 더불어 동침하기를 바라노라"(욥 31:9~10).

나는 성적인 유혹을 충분히 이길 수 있다고 자부하는 것만큼 어리석은 만용은 없다. 성적 유혹에 넘어가는 문제에는 누구도 예외가 없음을 인정하자. 나의 힘으로 유혹은 이길 수 있는 것이 아니다. 다윗처럼 하나님과 함께라면 유혹을 충분히 이길 수 있다는 크리스천 깡으로 유혹의 파도를 타 넘을 수 있어야 한다.

성적 순결을 지킬 것을 하나님 앞에서 약속하자. 사람들 앞에서도 분명하게 자신의 결단을 이야기할 수 있어야 한다. 기도하면서 유혹의 자리를 피하고 순결을 지키기 위해 노력하면, 하나님이 은혜를 주실 것이다. 어쩔 수 없이 유혹의 현장에 빠졌다면, 요셉처럼 도망칠 수 있어야 한다. 달콤한 죄의 유혹에 빠져서 결국 얻게 될 치명적인 결과를 상상해 보는 것도 좋은 방법이다. 우리 주변에서 얼마나 많은 사람이 성적 유혹을 이기지 못해서 패가망신하고 암울한 삶을 살고 있는지 기억하면서, 죄의 유혹을 이겨 내야 한다.

잠언 6장 27~29절 말씀은 간음에 대해 명시적으로 경고한다.

> "사람이 불을 품에 품고서야 어찌 그의 옷이 타지 아니하겠으며 사람이 숯불을 밟고서야 어찌 그의 발이 데지 아니하겠느냐 남의 아내와 통간하는 자도 이와 같을 것이라 그를 만지는 자마다 벌을 면하지 못하리라."

간음은 불을 품는 것이다. 숯불을 맨발로 밟는 것이다. 옷이 타지 않을 수 없고, 발을 데지 않을 수 없다. 간음은 그렇게 치명적이다. 간음하지 않기 위해서 만지는 것도 피할 수 있어야 한다. 성경은 만지는 자마다 벌을 면하지 못할 것이라고 한다. 만지기만 하는 것도 결국 간음인 것이다. 이런 보수적이고 강경한 자세로 성적 유혹에 대처해야 한다. 일터의 상황이라면 야근할 때 남녀가 단둘이 한 사무실에 남아 있는 것을 피해야 한다. 먼 거리 출장을 남녀 직원 단둘이 가는 것도 위험하기 짝이 없다. 다른 방에서 투숙하면 된다고 하는데, 그런다고 위험 요소가 사라지는 것은 아니다. 이런 사소하고 관행적인 일들도 세심하게 살피고, 보수적이고 강경하게 조정하여 안전한 시스템을 만들어야 한다.

돈을 하나님이라고 착각하지 마라

욥은 비즈니스 윤리에서 중요한 재물관에 대해 분명한 입장을 보여 준다. 욥은 자신의 소망(목적)을 재물의 풍부함에 두지 않았다 (욥 31:24~25). 당시 사람들은 돈을 많이 벌기 위해 해와 달을 숭배하고, 부와 재물에 호의를 표하며 유혹받았다(욥 31:26~27). 그런데 욥은 그런 우상숭배나 종교적 행위를 하지 않았다고 고백한다. 욥은 십계명의 1계명을 범하지 않은 것이다. 위에 계신 하나님을 속이지 않기 위해 그런 바람직한 재물관을 갖게 되었다. 욥의 재물관은 건전한 성경적 재물관이라고 할 수 있다.

돈에 대한 생각은 우리의 신앙고백에서 중요한 부분이다. 돈에 무관심해야 믿음이 좋은 것은 아니다. 돈은 사람이 살아가는 데 꼭 필요하다. 성경은 돈에 대해 가르친다.

"돈은 범사에 이용되느니라"(전 10:19하).

영어 성경(NIV)은 '돈이 모든 것에 대한 해답'이라고 분명하게 번역한다. 돈이 진리라는 뜻이 아니라, 인간 세상의 현실을 보여 주는 것이다.

우리는 돈을 벌어야 한다. 돈에 무관심한 것은 경건한 것이 아니라 무책임한 것이다. 돈을 많이 버는 것 자체를 문제시하는 사람도 있다. 그러나 불의한 방법으로 돈을 버는 것은 문제가 있지만, 정직하게 돈을 번다면 문제 될 것이 없다. 기업이 비즈니스를 하면서 이익을 추구하는 것은 너무도 당연하다. 이익을 얻지 못하는 비즈니스가 오히려 문제다. 선한 사업을 많이 하고 나눠 주는 일을 넉넉하게 하려면 돈을 많이 벌어야 한다. 그러나 재물에 소망을 두지 말고, 우리에게 모든 것을 주시고 누리게 하시는 하나님께 소망을 두어야 한다(딤전 6:17~18).

문제는 하나님과 이익 중 하나를 선택해야 하는 상황에서 발생한다. 이럴 때는 어떻게 해야 하는가?

높은 이윤과 주주 가치 창출을 위해 노력하지 않으면 기업의 자격을 갖추지 못한 것이다. 그러나 예수님은 "사람이 만일 온 천하를 얻고도 자기 목숨을 잃으면 무엇이 유익하겠느냐"(막 8:36)고 말씀하신다.

우리는 높은 이익을 얻기 위해 노력해야 한다. 하지만 기업이 추구해야 할 더 중요한 목적이 있다. 수익은 사용하고 투자해야 할 하나님 나라의 도구일 뿐 숭배의 대상이 결코 아니다. 도구를 수단으로 잘 활용해야지 목적으로 여기면 문제가 발생한다. 우리의 비즈니스의 최종 목적은 하나님께 영광을 돌리는 것이다. 이를 위해 수단적 목표로 수익 성장을 추구하는 것이다.

때로 참된 가치를 추구하기 위해 이익을 희생할 수도 있다. 그러나 이익이 하나님 자리에 올라서면 안 된다. 지나친 욕심 때문에 이익을 하나님으로 착각하지 말아야 한다. 이는 정말 조심해야 할 부분이다.

돈에 휘둘리지 않는 크리스천을 세상은 기념한다

돈 때문에 범하는 실수는, 돈을 사랑하고 돈을 의지하는 데서 나온다. 욥은 그런 돈의 속성, 즉 돈의 힘을 잘 알았다. 그래서 자신의 재물을 의지하지 않았고, 돈을 보고 기뻐하지 않았다고 고백한다(욥 31:24~25). 바울은 탐심을 우상숭배라고 했다(골 3:5). 예수님은 하나님과 재물을 동시에 섬길 수 없다고 말씀하셨다(마 6:24).

재물이 세상 사람들에게 하나님과 같은 격으로 인식되는 것처럼, 욥이 살던 시대의 사람들은 해와 달을 숭배했다(욥 31:26~27). 자신들이 숭배하는 자연신이 자신들에게 부를 가져다줄 것으로 알고 빌었다. 현대사회에서도 돈을 벌 수 있다고 하면 수단과 방법을 가리지 않고 다 하려는 유혹을 받을 가능성이 많다. 하지만 가난해도 성경적인 재물관을 가져야 한다.

오늘날 사람들을 가장 많이 유혹하는 것, 사람들이 손에 입 맞추고 싶어 하는 것들이 있다. 멋진 아파트, 외제 자동차, 명품, 별장 같은 것들이다. 사람의 취향에 따라 다르겠지만, 결국은 부와 관련된 것이다. 어떤 사람들은 사람들의 인정, 명예, 권력 등을 보고 손에 입 맞추기도 한다. 우리나라 부모들에게는 자녀들이 좋은 대학교에 입학하고 그럴듯한 직장에 취업하는 것이 해와 달이다.

그런데 이런 것들은 오래가는 것들이 아니다. 욥이 말한 대로 만일 그런 세상의 재물을 추구한다면 위에 계신 하나님을 속이는 것이다. 이는 재판에 회부될 죄악이다(욥 31:28). 하나님이 심판하실 때 틀림없이 책임 추궁을 하실 것이다.

미국의 여러 비영리 기관들을 컨설팅하는 홍보 회사인 드모스 그룹의 경영자 마크 드모스(Mark DeMoss)는 《CEO 솔로몬을 만나다》(The Little Red Book Of Wisdom, 비전과리더십, 2008)에서 돈에 휘둘리지 않고 크리스천다운 용기와 책임 의식을 보여 주는 한 사람을 소개한다.

캐나다 〈토론토 스타〉(Toronto Star) 신문사의 기자가 미스터리 쇼퍼 방식으로, 점화선이 좀 느슨한 것 외에는 이상이 없는 자동차로 13곳의 정비 공장을 찾아갔다. 대부분의 정비사들은 멀쩡한 차에 여러 가지 문제가 있다면서 수리하라고 했다. 그런데 60대 후반의 세실 브렌튼이라는 정비사는 느슨한 점화선을 조여 주고는 수리비도 요구하지 않았다. 아무 문제가 없으니 가 보라고 했다. 기자가 신분을 밝히고 왜 그렇게 했는지 이유를 묻자, 그는 이렇게 대답했다.

"저는 크리스천입니다."

이 이야기가 신문에 실리자 운전자들이 브렌튼의 공장으로 몰려들었다. 그는 그곳에서 12년을 더 일하다가 은퇴했다. 그 기사가 나오고 21년 후에 세실 브렌튼이 세상을 떠나자 〈토론토 스타〉는 그의 사망 소식을 일반 부고난에 싣지 않았다. 다음과 같은 제목으로 별도의 기사로 다뤘다.

"세실 브렌튼, 향년 89세. 정직하기로 유명한 '크리스천 정비사'"(《CEO 솔로몬을 만나다》, 169~171쪽).

사람들이 추구하는 욕심을 포기하고, 세상 유혹에 대처하는 크리스천다운 용기를 보일 때 사람들은 그것을 기억하고 기념해 준다. 세실 브렌튼처럼 세상 유혹에 맞서는 용기 있는 책임 의식이 사람들에게 알려지면 하나님의 영광이 드러난다. 이것이야말로 예수님이 말씀하신, 착한 행실로 세상 사람들이 하나님께 영광 돌리도록 하는 일 아닐까(마 5:16)?

2.
사람을 위해 일이
존재하는 것이다

"세상에서 가장 중요한 것이 뭐냐고 물으면 사람, 사람, 사람이라고 말할 것이다."
-마오리족 격언

요즘처럼 먹방과 쿡방이 인기 있던 때도 아니고, 집밥의 인기가 높던 때도 아니었는데, 어느 토요일 아침에 나는 모처럼 칼을 들고 요리를 시작했다. 그런데 무를 얇게 썰다가 부엌칼이 튀었다. 왼손 약지 끝부분이 잘려 너덜거렸고, 손톱도 조금 잘렸다. 솟는 피를 눌러 대충 수습하고는 늦잠 자던 아들을 깨워 동네 정형외과에 갔는데, 2시간 기다려야 한다고 했다. 그래서 멀지 않은 동국대학교 일산병원 응급실로 갔다. 절차를 밟느라 걸린 시간은 비슷했는데, 레지던트 수련의로 보이는 분이 병실 당직 근무를 하다가 내려와서 봉합 수술을 해 줬다. 손가락이 아픈 거지 입이 아픈 것은 아니라서 이런저런 이야기를 나눴다. 당시 대학에 막 입학한 아들 덕에 얻은 입시 정보에 대해서도 이야기했다. 주로 내가 질문하고 의사는 답을 했다. 나는 공부 잘하는 입시생들은 전국 40여 개의 의과대학에 차례로 입학하고, 그 후에 서울대학교 공대에 간다는 것을 처음 알았다고 했다. 그러자 의사는 10년 전에도 그랬는데 아직도 그러느냐고 물었다. 나는 뜬금없이 질문했다. "성적이 그렇게 중요한가요? 생명을 다루는 의사에게 가장 중요한 가치는 무엇이라고 생각하세요?" 의사는 주저하지 않고 곧바로 대답해 줬는데, 나는 그의 말에 은혜를 받았다.

"환자를 돈벌이 수단으로 생각하지 않는 거죠. 정말 사람을 사랑하는 마음과 행동이지요!"

지금도 손끝이 아려서 손가락을 볼 때면 그 젊은 의사 선생님이 기억난다.

먼저 직원들을 사랑하라

인간관계를 잘 하는 것은 신앙인의 중요한 책임이다. 욥은 자신의 삶을 돌아보면서 인간관계의 문제를 언급했다. 하나님이 의인으로 인정하신 사람이지만, 그에게도 관계가 안 좋은 사람들이 있었던 모양이다. 그러나 욥은 그런 사람들을 미워하거나 저주하거나 복수하지 않았다고 말한다(욥 31:29~30).

요즘 우리 사회를 분노 사회라고 말할 수 있을 정도로 사람들이 화를 참지 못한다. '보복 운전'이라는 용어가 종종 뉴스에 오르내리고, 화를 참지 못해 저지르는 심각한 범죄 소식이 자주 들린다.

욥이 기본적으로 사람을 미워하지 않고, 사람 사랑을 실천한 것은 두 가지 방향으로 나타난다. 기업 경영에서 중요한 고객 만족에는 여러 방향이 있다. 고객 중에도 내부 고객이 있고 외부 고객이 있다. 또한 주주를 만족시켜야 하며, 함께 일하는 협력사와 지역사회도 만족시킬 수 있어야 한다. 이 중에서 중요한 고객은 바로 내부 고객과 외부 고객이다. 욥도 이 두 부류의 사람들에 대한 사랑을 언급한다(욥 31:31~32).

기업이 가장 먼저 만족시켜야 할 고객은 누구일까? 바로 내부 고객이다. 욥은 "내 장막 사람들은 주인의 고기에 배부르지 않은 자가 어디 있느뇨 하지 아니하였는가"(욥 31:31)라고 말한다. 그는 내부 고객인 집안사람들을 먼저 돌봤다.

사우스웨스트 항공의 허브 켈러허(Herb Kelleher) 전 회장은 창립 25주년 기념 식사에서 "직원, 고객, 주주 중에서 누가 가장 중요한가?"라고 문제 제기를 하면서 이렇게 말했다.

"나에게는 처음부터 문제가 되지 않았다. 직원이 첫째이기 때문이다. 직원이 행복하고, 만족하며, 헌신적이고, 에너지가 충만하면 고객에게 서비스를 잘 하게 된다. 고객이 행복하면 그들은 다시 오게 된다. 그러면 그것이 주주도 행복하게 만든다."

직원들이 보스의 날에 켈러허 회장에게 보낸 편지의 내용을 봐도 켈러허 회장의 직원 사랑을 알 수 있다. 그가 직원들과 격의 없이 지내고 세세한 부분까지 챙기고 돌봐 주는 것에 대해 직원들은 감사를 표현한다. 바로 이것이 직원을 향한 사랑의 구체적인 모습이다.

고객을 감동시키라고 교육하거나 인센티브를 주는 것만으로는 고객 만족이 이뤄지지 않는다. 먼저 내부 고객, 즉 직원들을 감동시키는 것이 우선이다.

인간관계는 결국 믿음의 문제다

경영자 욥의 사람 사랑은 이제 외부 고객에게로 향한다. 윤리 경영 이론에서 자선적 책임은 윤리 경영의 의무 밖에 있는, 그야말로 선의에 의한 자발적 선행이라고 말한다. 욥은 외부 고객, 아니 외부 고객의 후보군이라고 할 수 있는 불특정 다수의 사람들에 대한 호의, 즉 '손님 접대'의 미덕을 잘 보여 준다.

"실상은 나그네가 거리에서 자지 아니하도록 나는 행인에게 내 문을 열어 주었노라"(욥 31:32).

아브라함이 부지중에 찾아온 천사들을 대접하며 손님 접대의 미덕을 보인 것(창 18:1~5)이 바로 외부 고객을 향한 사랑의 모습이라고 할 수 있다. 어설프긴 했지만, 아브라함의 조카 롯도 삼촌을 따라서 손님 접대를 실천했다(창 19:1~3). 예수님도 지극히 작은 자 하나를 잘 대접한 것이 바로 주님을 대접한 것이라고 말씀하셨다(마 25:40).

이렇게 손님들을 접대하는 미덕은 배우자의 자격 조건이 되기도 했다. 아브라함의 종 엘리에셀이 주인 아브라함의 명을 받고 주인의 아들 이삭의 배우자를 구하러 아브라함의 고향으로 가는 장면에서 그 사실을 확인할 수 있다. 엘리에셀은 하나님께 기도하면서 일종의 서원을 했다.

"한 소녀에게 이르기를 청하건대 너는 물동이를 기울여 나로 마시게 하라 하리니 그의 대답이 마시라 내가 당신의 낙타에게도 마시게 하리라 하면 그는 주께서 주의 종 이삭을 위하여 정하신 자라 이로 말미암아 주께서 내 주인에게 은혜 베푸심을 내가 알겠나이다"(창 24:14).

그래서 리브가를 만났는데, 그녀는 엘리에셀에게 물을 마시게 하고 10마리의 낙타들에게도 물을 길어 주었다. 사막을 횡단한 낙타는 보통 75~130ℓ의 물을 한꺼번에 마신다고 한다. 한 마리의 낙타가 평균 100ℓ의 물을 마셨다고 가정하면, 리브가는 10마리의 낙타를 위해 약 1,000ℓ의 물을 길어야 했다. 20ℓ쯤 들어가는 물동이로 날랐을 경우, 50번이나 반복해서 물을 길어야만 했을 것이다. 얼마나 부지런히, 빨리 움직여야 했을까? 성경은 '급히', '다시', '달려가서' 같은 단어들을 반복해서 기록하면서 리브가의 분주한 모습을 표현하고 있다(창 24:18~20). 손님 접대의 미덕에서 나온 이 호의적 행동을 목격한 엘리에셀은 주인의 아들의 배필을 만난 것을 직감할 수 있었다.

물론 불특정 다수를 향해 사랑을 베푸는 데 완벽한 사람은 없을 것이다. 그러나 하나님을 믿는 사람이라면, 연약한 사람들에게 사랑을 나누려는 마음을 갖고 있어야 한다. 제대로 못하고 있다면 노력해야 한다. 문제의식을 느끼고 있다면, 작은 일부터 시작하여 사람들에게 호의를 베푸는 훈련을 실천해야 한다.

또한 욥은 사람들과 거리를 두지 않고 솔직한 인격으로 상대했다고 고백한다.

"내가 언제 다른 사람처럼 내 악행을 숨긴 일이 있거나 나의 죄악을 나의 품에 감추었으며 내가 언제 큰 무리와 여러 종족의 수모가 두려워서

165

대문 밖으로 나가지 못하고 잠잠하였던가"(욥 31:33~34).

욥은 등 뒤에 칼을 품고 사람을 해치기 위해 벼르지 않았다. 바리새인들처럼 위선적인 모습을 보이지도 않았다. 가면을 쓰고 사람을 대하지도 않았다.

"누구든지 나의 변명을 들어다오 나의 서명이 여기 있으니 전능자가 내게 대답하시기를 바라노라 나를 고발하는 자가 있다면 그에게 고소장을 쓰게 하라"(욥 31:35).

일반적으로 어떤 사람이 인간관계가 좋은 것을 보면, 그의 기질을 좋게 평가한다. 그런데 인간관계는 성품의 문제고, 결국은 믿음의 문제다. 사람들과 좋은 관계를 유지하는 사람, 만일 관계가 어려워졌다면 회복하는 사람이 하나님을 제대로 믿는 책임 있는 사람이다. "할 수 있거든 너희로서는 모든 사람과 더불어 화목하라"(롬 12:18)는 말씀은, 하나님을 믿는 사람에게 주신 중요한 명령이다. 이 말씀을 따라 내가 만나는 이웃, 세상의 많은 사람들과 좋은 관계를 유지하기 위해 노력해야 한다.

인권 보장을 위해 함께 노력하라

'인권'이란 말은 현대적인 용어다. 그런데 인권 문제는 욥의 시대에도 꽤 중요한 이슈였다. 욥이 소유한 가축은 모두 만 1,500마리나

되었다. 가축 사육을 맡은 관리인과 종이 아마도 수백 명은 되었을 것이다. 그런데 당시에 종은 사고파는 물건처럼 여겨졌다. 그러나 욥은 달랐다. 종들이 무언가 문제 제기를 하고 불평불만을 늘어놓을 때도 그들의 권리를 무시하지 않았다(욥 31:13). 욥은 종들의 인권에 큰 관심을 갖고 있었다. 욥이 종들의 인권을 인정할 수 있었던 것은, 그 문제로 하나님이 심판하실 때 할 말이 없을 것을 알았기 때문이다(욥 31:14). 욥은 종들을 사람 사랑의 대상으로 생각한 이유를 명확하게 이야기한다.

> "나를 태 속에 만드신 이가 그도 만들지 아니하셨느냐 우리를 뱃속에 지으신 이가 한 분이 아니시냐"(욥 31:15).

비록 종들이지만 그들도 하나님이 자신과 동일하게 창조하신 사람이라고 말하는 것이다. 사회적 지위에서는 차이가 있을지 몰라도, 하나님 앞에서는 똑같은 사람이라고 생각한 것이다.

이처럼 인권에 대한 바람직한 생각을 갖고 있어야 비즈니스 현장에서 직원들이 인격적으로 대접받을 수 있다. 바울도 주인들에게 종들을 대하는 태도를 가르치면서 "상전들아 의와 공평을 종들에게 베풀지니 너희에게도 하늘에 상전이 계심을 알지어다"(골 4:1)라고 권면했다.

우리는 보통 사회적으로 우리보다 조금 못하다고 생각하는 사람들을 대할 때 무시하는 경향이 있다. 조직 사회 속에서 벌어지는 왕따나 일터에서 벌어지는 언어폭력과 폭행도 이런 차별 의식에서 나온 것이다.

때로 신앙의 차이로 차별하기도 한다. 주 안에서 형제인 사람과 그렇지 않은 사람이 다르게 느껴지는 것은 인지상정이다. 그렇더라도 믿지 않는 사람의 인격과 권리를 무시해서는 안 된다. 다른 종교인이더라도 그를 매도하는 것은 인간을 창조하신 하나님의 뜻이 아니다. 더욱 가깝게 생각할 수 있는 것은 그 사람이 바로 전도의 대상이 아니던가! 그러니 어떤 사람이라도 함부로 대하고 차별하는 것은 옳지 않다.

욥은 자신을 찾아온 세 친구들과 논쟁할 때, 자신의 극심한 고통을 종과 품꾼들에 비유하여 묘사했다. 육체적 고통이 하도 심해서 하루가 어서 끝나기를 바라는 자신의 마음을 저녁이 되어 일을 마치기를 바라는 종으로, 품삯을 받기를 고대하는 품꾼으로 비유했다(욥 7:1~3).

"이 땅에 사는 인생에게 힘든 노동이 있지 아니하겠느냐 그의 날이 품꾼의 날과 같지 아니하겠느냐"(욥 7:1).

욥은 인생에 힘든 노동이 있음을 잘 알고 있었다. 자기 집안의 종들도 그렇게 힘든 노동을 하고 있다는 사실을 알기에, 그들의 인권을 보장하는 일을 중요하게 생각했다.

옛날이나 오늘날이나 돈 없고 힘없는 사람들이 무시당하는 경우가 많다. 그러나 욥은 가난하고 소외된 사람들을 무시하지 않았다. 자신의 소유와 권한을 가지고 최선을 다해 그들을 도왔다. 과부와 고아를 도와줬고, 가난한 사람들을 돌봤다. 불쌍한 사람들에게 긍휼을 베푸는 미덕, 즉 노블레스 오블리주를 실천했다.

욥기 31장 16~23절까지, 욥은 자신이 고아와 과부로 대표되는 연약한 자들의 인권을 위해 어떻게 노력했는지를 장황하게 강조한다. 욥은 가난한 자의 소원을 막지 않았고, 과부의 눈에 실망의 빛이 없게 했다. 혼자 떡덩이를 먹으려고 고아를 굶기지 않았고, 고아 기르기를 그의 아비처럼 했다. 또한 과부를 인도해 줬다. 가난한 사람이 의복 없이 죽어 가거나 덮을 것이 없는 모습을 못 본 체하지 않았다. 만일 자신이 고아를 향해 주먹을 들어 휘둘렀다면 "내 팔이 어깨뼈에서 떨어지고 내 팔뼈가 그 자리에서 부스러지기를 바라노라"(욥 31:22)고 강경하게 말하면서 자신의 사람 사랑을 강조했다.

욥이 이렇게 사람 사랑을 실천하며 인권 보장을 위해 노력하는 이유에 대해서도 명시하고 있다.

> "나는 하나님의 재앙을 심히 두려워하고 그의 위엄으로 말미암아 그런 일을 할 수 없느니라"(욥 31:23).

사람을 하나님이 창조하신 귀한 피조물로 대하지 못하는 사람은, 하나님을 진정 하나님으로 대할 수 없다. 욥은 사람들을 사랑하며 인권을 위해 노력하는 자세를 통해 하나님을 믿는 믿음과 사람들을 향한 책임을 보여 줬다.

내가 하는 일로 사랑을 실천하라

욥은 인권을 보장하고 사람들을 돌보는 일을 개인적으로 했다. 그러나 현대사회에서는 이런 일을 제도적으로 해결하기 위해 시스템을 갖출 필요가 있다. 하나님의 일반 은총의 측면에서도 그렇고, 효과적으로 공의가 확산되어야 하는 당위성으로 봐도 제도적 개선이 반드시 필요하다.

미국의 한 복음주의 신학자가 제기했다는 질문을 신학교 시절에 대자보에서 봤다. 예수님이 말씀하신 선한 사마리아인 비유의 후속편인데, 그 신학자가 상상을 해 본 것이다.

"그 다음에 또 그 여리고 길을 통해 예루살렘으로 가던 사마리아인 앞에 또 강도를 만나 죽어 가는 사람이 나타났다. 역시 사마리아인은 그를 돌봐 주는 선행을 베풀었다. 그런데 다음번 출장길에 또다시 강도 만난 사람이 쓰러져 있는 것이다. 알고 보니 그 길은 강도 출몰 위험지역이었다. 알아보니 치안 당국도 나 몰라라 하고, 뭔가 강도들과 결탁되어 있는 것 같았다. 이 사마리아인이 과연 어떻게 해야 강도 만난 사람들을 돕고, 사회정의를 제대로 세울 수 있는가? 계속 강도 만난 사람들을 도와주기만 하면 되는가?

사마리아인은 책임 의식을 느꼈다. 그래서 치안을 담당하는 경찰에 비리 관련 경찰들을 색출하도록 압박하고, 강도들을 소탕하도록 예루살렘의 유대 정부 당국에 민원을 넣었다. 제대로 일이 진행되지 않자 당국 앞에 가서 피켓 시위도 하고, 구조적인 변화를 위해 노력했다."

이런 노력이 바로 진정한 사람 사랑의 실천 아니겠는가? 우리 사회의 인식 변화와 구조적 개선을 위해 작은 실천을 시도하고 행동하는 것이 세상을 바로 세우고 바람직한 인권을 보장하는 책임 있는 모습이다.

영국의 하원 의원이었던 윌리엄 윌버포스(William Wilberforce)는 당시에 영국이 국가적으로 노예무역을 옹호하여 경제적 이익을 취하는 등 성경적인 인간관에 반하는 노예제도를 유지하는 것에 문제의식을 느꼈다. 그래서 노예무역을 폐지하고 노예들을 해방시키는 것을 자신의 평생의 사명으로 삼고, 이를 위해 헌신했다. 노예무역 금지로 노예제도를 폐지하는 법안을 통과시켰지만, 법이 시행되지 않았다. 하지만 그는 부단히 노력했다. 윌버포스가 죽기 사흘 전, 영국 정부는 노예의 주인들에게 노예 비용을 지불하기로 했다. 그는 이 소식을 듣고 감사하며 세상을 떠났다.

이 사회가 사람 사랑의 가치를 실현할 수 있도록 각자가 자신의 삶의 현장에서 노력해야 한다.

3.
정직한 비즈니스로
참된 영성을 드러내라

"완벽한 사람이 아닌 정직한 사람이 되라."
-앤드루 매튜스(Andrew Matthews)

지금은 폐간되었지만, 직장인들을 위한 월간 잡지 〈일하는 제자들〉의 편집장으로 일하면서 겪은 아픈 기억이 있다. 인쇄소에서 자주 인쇄 사고를 내서, 거래처를 초창기에 거래하던 인쇄소로 다시 바꾸게 되었다. 전화로 가격을 조율하는데, 예전 인쇄소에서 인쇄비를 어떤 가격에 했는지 알려 주면 그 가격에 맞춰 주겠다고 했다. 그런데 내 눈앞에 인쇄비 단가가 적힌 거래명세서가 분명히 있는데도, 나는 가격을 500원 낮춰 말했다. 분명한 거짓말을 한 것이다. 그렇게 하겠다고 결심하고 있었던 것도 아닌데, 너무도 자연스럽게 몇 달 전에 인상하기 전 가격으로 거짓말했다. 전화를 끊고 나니, 내 모습이 너무나 참담했다.

'너 목사 맞냐?', '그 돈이 네 돈이냐?'

이런 생각들이 오가면서 비참해졌다. 나는 다시 전화했다. 거짓말해서 미안하다고, 사실은 단가가 최근에 더 높았다고 고백했다.

이후 사무실에 온 거래처 분은 다시 용서를 구하는 나를 위로하면서 이렇게 말했다.

"그런 일, 자주 있는 일입니다. 우리 영업 사원들은 숨 쉬는 것 빼고는 모두 거짓말이라고 그럽니다."

영업 사원의 애환을 느끼게 해 주는 애교 섞인 위로였지만, 나는 창피해 죽는 줄 알았다.

〈일하는 제자들〉의 편집을 마친 후 당시 발행인이었던 방선기 목사님께 최종 교정 상태의 원고를 보여 드렸을 때의 일이다. 평소에는 그런 것을 잘 질문하시지 않는데, 그날따라 사람들이 퍼즐 퀴즈 응모를 많이 하느냐고 물으셨다. 사실 그달에는 유난히 응모한 사람이 적었다. 1명밖에 응모하지 않아서 선물을 주기로 한 5명을 채우기 위해 4명의 이름을 가짜로 올려놓았다. 편집부에서 관행적으로 그렇게 해 왔다고 하기에 나도 사소한 문제로 여기며 별로 신경 쓰지 않았다.

만일 방 목사님이 질문하셨을 때 내가 거짓말했다면 평생 후회했을 것이다. 그 지적에 성령님이 간섭하셨다는 생각이 번쩍 들었다. 사실은 1명밖에 응모하지 않아서 직원들의 주변 사람들의 이름을 올려놓았다고 사실대로 말씀드렸다. 그때 방 목사님이 하신 말씀을 지금도 잊지 못한다.

"원 목사, 우리가 혹시 나중에 복음 때문에 피치 못할 거짓말을 하게 될지도 모르는데, 이런 사소한 거짓말은 하지 말자!"

나는 아랫사람으로서 방 목사님께 너무나 죄송했다. 그리고 독자들을 향해 '인쇄된 거짓말'을 할 뻔한 죄를 막아 주신 하나님께 감사했다. 우리는 1명만 응모한 사실을 그대로 밝혀서 잡지를 발행했다.

하나님이 보고 계신다

진실과 정직의 문제는 어제 오늘의 문제가 아니다. 거짓으로 남을 속이는 일은 비일비재하다. 그 이유는 욕심 때문인 경우가 대부분이다. 거의 모든 경우에 거짓과 탐욕은 함께 간다. 욕심을 통제하지 못하면 그것을 채우기 위해 거짓말하게 된다. 따라서 거짓말하지 않기 위해서는 먼저 욕심을 절제할 수 있어야 한다.

욥은 자신이 거짓말이나 거짓된 행동을 하지 않았다고 자부했다.

"만일 내가 허위와 함께 동행하고 내 발이 속임수에 빨랐다면"(욥 31:5).

그가 그럴 수 있었던 것은, 하나님이 자신의 말과 행동을 저울로 달아 보시는 것을 알았기 때문이다. 욥이 거짓말이나 거짓된 행동을 하지 않았던 것은, 바른길이 아닌 것을 따라가지 않고 눈으로 보고도 욕심을 부리지 않았기 때문이다. 그는 남의 물건에 손대서 손을 더럽게 하지 않았다(욥 31:7). 그가 그럴 수 있었던 것은, 자신이 그렇게 하면 다른 사람도 자신의 것을 빼앗아 갈 수 있고, 하나님도 얼마든지 빼앗아 가실 수 있음을 알았기 때문이다(욥 31:8).

우리가 사는 세상은 욕심을 채우기 위해 사람들을 속이기도 하고, 또 자신이 속기도 한다(딤후 3:13). 이런 세상에서 살다 보면 우리도 모르는 사이에 보고 배우기 쉽다. "다들 이 정도는 하는데"라면서 합리화하는 것이다. 세상에서 죄의 유혹에 빠지지 않기 위해서는 '이 정도쯤이야!'라는 생각을 포기해야 한다. 하나님의 저울을 생각해야 한다. 욥은 자신 있게 선언했다.

> "하나님께서 나를 공평한 저울에 달아 보시고 그가 나의 온전함을 아시기를 바라노라"(욥 31:6).

우리가 하나님을 이런 믿음의 눈으로 볼 수 있다면 우리의 행동이나 판단, 선택이 달라질 수 있다. 부정한 것으로 유혹하는 사람이 아무도 보지 않는다고 속삭여도 꼭 생각해 보라. 누군가 보고 있을 수 있다. 일단 내가 보고 있고, 그 사람도 보고 있지 않은가. 어떤 다른 존재보다 하나님이 보고 계신다.

기도하면서 정직을 실천하자

비즈니스 세계의 부정직과 비윤리는 동서고금을 가리지 않는다. 미국 비즈니스계에서는 1990년대의 10년 동안 윤리 경영의 붐이 허리케인처럼 휩쓸고 지나갔다. 그래도 2004년의 엔론 스캔들 같은 엄청난 회계 부정 사건이 보란 듯이 터지는 것을 보면, 미국도 윤리 경영을 제대로 하려면 아직 멀었다.

우리나라도 2000년대 들어서 기업들이 윤리 경영을 이야기하기 시작했고, 웬만한 기업들은 '기업 윤리 선언'을 갖고 있다. 그런데 윤리 선언만 한다고 하루아침에 윤리 경영이 뿌리내리는 것은 아니다. 부단한 노력이 필요하다. 윤리 경영을 처음 시작한 사람들이 마음속에서 도덕심이 끓어올라 윤리 경영의 원리를 만들지는 않았을 것이라고 생각한다. 글로벌 시대에 10년 후, 20년 후에도 계속 비즈니스를 하려면 믿음과 신뢰와 정직이 기반이 되지 않고서는 안 될 것이라는 전략적 판단이 윤리적 기업 운영으로 나타났을 것이다.

어쨌든 크리스천 직장인들에게는 이 상황이 큰 기회가 아닐 수 없다. '정직함'은 바로 크리스천의 대명사 아닌가? 우리가 그런 평가를 받아야 하고, 이 부분이 부족하다면 애쓰고 노력해서 바로 세워야 한다.

윤리 경영의 시대에는 정직한 것도 성공의 방법이 될 가능성이 크다. 예전에는 정직하게 일하면 왜 그리 더디냐고, 혼자 일하느냐고, 잘난 척하면서 그렇게 튀지 말라고, 그렇게 혼자 정직한 척해서 제대로 먹고살 수 있겠느냐고, 그렇게 잘났으면 실적을 보이라고, 그런다고 아무도 감동받지 않는다고 핀잔을 주며 비웃었다. 그런데 이제는 조금 달라졌다. 정직함을 실천하는 것은 힘들지만 이제 공동의 목표라는 사실은 모두 알고 있으니, 그런 험한 소리는 자주 듣지 않아도 된다. 이런 현실이 감사하지 않을 수 없다. 우리는 '정직'이라는 크리스천의 트레이드마크가 사람들에게 분명하게 인식되는 그날까지 노력해야 한다.

감찰 부서에서 일하거나 지점과 매장 관리를 담당하는 직원들이 출장보고서를 작성하면서 나에게 가끔 고민을 토로한다. 윗사람에게 보고하거나 보고서를 작성할 때 겪는 어려움 때문이다. 사실대로 보고하면 많은 사람이 다치고, 개인적인 부탁이 들어오는 경우도 있어서 너무 고민스럽다면서 괴로워하는 직원들의 모습이 안타깝다. 그런데 나는 그런 고민을 들으면 언제나 동일하게 말해 준다. 사실대로, 본 대로 보고하라고, 나중에 다 밝혀진다고, 진실을 빼고 거짓을 보태면 더 어려운 지경에 빠진다고 권면한다.

일터의 현장에서 정직을 실천하는 것은 쉬운 일이 아니다. 정직해야 한다는 것은 우리가 다 알고 있으나 실천하는 것은 그리 쉽지 않다. 그러나 우리는 기도하면서 노력해야 한다.

직장 생활의 경험을 가진 목회자요, 작가와 강사와 상담가인 키이스 밀러(Keith Miller)가 1965년에 펴낸 《새 포도주의 맛: 낡은 부대를 터뜨리는》(The Taste of New Wine, 살림, 2009)은 수십 개 언어로 번역되어 250만 부 이상 팔렸다. 이 책은 제도의 틀을 넘어서는 크리스천의 새로운 삶의 양식에 대해 이야기한다. 이 책의 여러 부분에서 일터의 문제를 다루고 있다.

키이스 밀러는 자신의 영적 상태를 하나님께 고백할 때 하나님과 친밀해짐을 느꼈다. 자신이 하나님과 바른 관계를 갖고 있는지 주목하기 시작했다. 더 이상 고질적 탐욕을 그럴듯하게 얼버무리거나 적당히 둘러댈 필요가 없음을 깨닫자 그의 기도가 달라졌다고 고백한다.

> "전에는 '주님, 오늘 저는 접대비를 조금 과다하게 지출했습니다. 하지만 주님도 아시다시피 다들 그러지 않습니까?'라고 기도했다. 그런데 이제는 '주님, 저는 오늘 접대비를 부당하게 지출했습니다. 치사한 도둑이 되지 않게 도와주십시오'라고 기도하게 되었다.

전에는 '주님, 지난번 거래 내용을 설명하면서 사실을 부풀렸습니다'라고 기도했는데, 이제 이렇게 하나님께 실토한다. '주님, 제가 또 거짓말을 해서 제 자신을 돋보이려고 했군요. 저는 본래 그런 인간입니다. 용서해 주시고, 이제부터라도 달라질 수 있는 능력과 간절한 마음을 주십시오'"(《새 포도주의 맛: 낡은 부대를 터뜨리는》, 97~101쪽).

거짓말하지 않는 자에게 주시는 하나님의 은혜

다음은 중국 쑤저우에서 사역하시는 선교사님께 들은 이야기다. 쑤저우에 있는 우리나라의 전자 회사 공장에서 노트북을 생산하는데, 젊은이들의 취향을 반영하지 못한 검은색 중심이어서 고민이 많았다고 한다. 그래서 다양한 색상을 반영하기로 결정했다. 구매 담당인 A부장이 수소문해 보니 대만 타이중에 있는 노트북 케이스 제작 공장의 제품이 가장 좋은 품질을 갖고 있었다. 그는 구매를 의뢰했다. 그런데 대만의 그 회사는 사장의 지시로 그 전자 회사에는 자재를 판매하지 않는다고 했다. 과거에 거래하면서 좋지 않은 일이 있었기 때문이다. 하지만 다른 대안이 없어서 A부장은 기도하면서 하나님의 도움을 구했다. 그리고 대만 회사 직원들에게 직접 사장을 만날 수 있게 해 달라고 부탁했다. 그는 사장과 대면하게 되었다.

사장은 A부장을 만나자마자 어느 회사에서 왔느냐고 물었다. 그 회사의 직원들이 물건을 구입할 상대 회사를 밝히지 않고 만남을 주선한 것이다. A부장은 거짓말할 수는 없어서 S전자에서 왔다고 회사 이름을 이야기했다. 그러자 사장이 벌떡 일어나더니 직원들에게 화를 냈다. 절대로 물건을 팔지 말라면서 나가 버렸다. 그동안의 기도와 노력이 수포로 돌아가고 말았다.

A부장은 애써 준 대만 회사의 직원들에게 미안했다. 기껏 어려운 만남을 주선해 줬는데 일을 망쳐 놓은 것이다. 황당한 분위기여서 그랬는지, 대만 회사 직원 한 사람이 담뱃갑을 던져 주면서 담배를 피우라고 했다. A부장은 담뱃갑을 돌려주면서 이렇게 말했다.

"우리 회사를 위해 많이 애써 주셨는데 정말 고맙고 죄송합니다. 저는 '리얼 크리스천'(real christian)입니다. 리얼 크리스천은 세 가지를 하지 않습니다. 첫째, 술, 담배를 하지 않고 둘째, 여자를 가까이 하지 않고 셋째, 거짓말하지 않습니다. 그래서 제가 거짓말할 수 없어서 사장님께 우리 회사의 이름을 말했던 것입니다. 그동안 애써 주셨는데 정말 감사하고 또 죄송합니다."

아쉬운 마음으로 돌아서는데 한 직원이 달려와서 A부장에게 말했다.

"잠깐 기다리십시오. 우리 사장님이 당신과 같은 리얼 크리스천입니다. 말씀드렸더니 만나겠다고 불러오라고 하십니다."

과거의 아픔이 있지만, 물품 구매를 요청하는 담당자가 같은 신앙인으로서 담대하게 고백하는 것을 보고 앙금을 털어 낸 것이다. 결국 그 전자 회사는 대만 타이중에 있는 그 회사에서 노트북 케이스를 구매할 수 있었고, 젊은이들 취향의 다양한 색상을 반영하게 되었다.

대만은 크리스천 비율이 그리 높지 않은 나라다. '리얼 크리스천'은 더 적을 것이다. 그런데 어쩌면 이렇게 절묘하게 연결될 수 있는가? 거짓말하지 않고 일하겠다고 고백하고 실천하다 보니 하나님이 이렇게 인도해 주신 것 아니겠는가!

정직한 기업 문화를 만들자

욥은 농사짓는 과정에서 그의 정직한 믿음을 드러냈다. 그는 농사 짓는 데 땅을 향해 불의를 행하지 않았고, 논밭에 소출이 있는데 일한 사람들에게 품삯을 주지 않거나 그들을 힘들게 하지 않았다고 고백한다(욥 31:38~40). 한마디로 사업을 하면서 불의를 행하지 않았다는 것이다. 그는 만일 불의를 행했다면 사업이 다 망해도 할 말이 없다고 했다.

우리는 불의한 방법으로 일하면서도 하나님을 잘 섬기는 행세를 할 수 있다. 비즈니스로 돈을 버는 과정에서 불의를 행하지 않았다는 고백은 정말 쉽지 않은 고백이다. 욥은 이렇게 말한다.

"만일 내가 값을 내지 않고 그 소출을 먹고 그 소유주가 생명을 잃게 하였다면"(욥 31:39).

현직 목회자이면서 미국에서 경영 컨설턴트로도 활동하는 마에하라 토시오(Maehara Toshio) 목사는 그의 책에서 이렇게 말한다.

"욥이 '그 소유주가 생명을 잃게 하였다면'이라고 말한 것은 과장이 아니다. 대규모 외상 매출금 회수 여부에 따라 그 회사의 운명이 좌우된다. 지불 의무를 확실하게 이행하고 받아야 할 권리를 당연한 요구로 인정해야만 사업이 순조롭게 전개된다. 우선 크리스천 비즈니스맨은 채무 이행에 진솔해야 한다"[《삼색성공: 비즈니스 영성 그리고 크리스천》(聖書が語るビジネスの法則), 노바, 2008. 183쪽].

마에하라 목사는 미국에서 경영 컨설턴트로 활동하면서 기업들이 채무 이행을 제대로 하지 않아서 다른 기업을 파산하게 하는 모습을 자주 봤을 것이다. 그렇기에 크리스천 비즈니스맨은 채무 이행에 진솔해야 한다고 강조했을 것이다. 우리도 돌아볼 수 있어야 한다. 이 부분에서 크리스천답게 일하고 경영하는가?

'크리스천 기업'을 어떻게 정의할 수 있는가? 경영자나 회사의 오너가 크리스천이면 다 기독교 기업이라고 말할 수 있는가? 그렇지 않다. 기독교 기업은 기업의 모든 활동, 즉 기획, 생산, 판매, 사후 관리, 재투자, 사회 환원 등 모든 과정을 크리스천 마인드로 하는 기업이다. 물론 이상적인 측면이 있고, 완벽한 의미의 기독교 기업은 죄악 된 이 세상에서는 불가능할 수 있다. 그러나 크리스천 기업이 되기 위해 노력해야 한다. 바람직한 기독교 기업을 만들어 갈 수 있어야 한다.

'세상 속 삶'의 영성을 확인하라

하나님이 기뻐하시는, 영과 진리로 드리는 예배(요 4:24)란 어떤 것인가? 우리가 주일에 드리는 예배만으로 하나님이 기뻐하실지, 점검해 봐야 한다. 물론 하나님은 참된 예배자를 기뻐하시고 반기신다. 그런데 우리의 몸을 하나님이 기뻐하시는 거룩한 산 제물로 드리는 영적 예배(롬 12:1)에 대해서도 자신 있는가?

구약시대에 예루살렘에 도착한 순례자들은 성전 문에서 성전에 들어갈 수 있는 조건들에 대해 질문을 받았다고 한다. 시편 15, 24편에 나오는 '성전 입장 예식문'을 통해 성전 문지기나 제사장이 예배하러 온 자들에게 일상에서 지켜야 할 여러 내용을 열거하면서 확인한 것이다.

> "여호와여 주의 장막에 머무를 자 누구오며 주의 성산에 사는 자 누구오니이까"(시 15:1).

시편 15편은 참된 예배를 드릴 수 있는 사람들의 '자격 조건'을 열거한다.

> "정직하게 행하며 공의를 실천하며 그의 마음에 진실을 말하며 그의 혀로 남을 허물하지 아니하고 그의 이웃에게 악을 행하지 아니하며 그의 이웃을 비방하지 아니하며 그의 눈은 망령된 자를 멸시하며 여호와를 두려워하는 자들을 존대하며 그의 마음에 서원한 것은 해로울지라도 변하지 아니하며 이자를 받으려고 돈을 꾸어 주지 아니하며 뇌물을 받고 무죄한 자를 해하지 아니하는 자이니 이런 일을 행하는 자는 영원히 흔들리지 아니하리이다"(시 15:2~5).

이렇게도 많은, 세상 속 삶의 영성에 대한 확인 절차를 거친 후에야 비로소 성전 예배에 참여할 수 있었던 것이다. 욥이 열거하는 여러 윤리적 규정은 마치 성전 입장 예식문처럼 보인다[하경택, "무죄 맹세: 욥기 31장 주해와 적용",《그말씀》(2007년 6월호), 두란노. 37쪽].

우리도 교회에 가서 예배드리기에 앞서 자신을 돌아봐야 한다. 과연 나는 정직하게 행했는가? 공의를 실천했는가? 마음에 진실을 말했는가? 남의 허물을 들추지 않았는가? 다 하려면 한 시간은 족히 걸릴 것 같다. 세상 속 삶, 일터의 삶을 통해 우리는 참다운 크리스천의 영성을 시험받는다. 이 시험에 통과하지 못하면 하나님께 참된 예배를 드리기가 쉽지 않다.

.

1. 성적 유혹과 재물의 유혹에 대응하는 중요한 방법 하나는 '자족'(自足)이다. 하나님이 부부라는 울타리 안에서 마음껏 누리라고 주신 성의 자유, 돈을 하나님이라고 착각하지 않고 돈에 휘둘리지 않는 재물의 자유를 누릴 수 있다. 자족의 은혜를 위해 기도하며, 실천하기 위해 노력하자.

2. 내부 고객과 외부 고객을 향한 사랑의 실천을 욥에게서 배울 수 있다.

- 내부 고객, 즉 함께 일하는 동료들을 위해 구체적으로 어떻게 사랑을 실천 할 것인가? 지금 상황에서 가장 필요한 일을 정해서 실천해 보자.
- 외부 고객, 예를 들어 일터에서 만나는 손님이나 배달 일 등을 하는 직장인들에게 어떻게 사랑을 실천할 것인가? 리브가의 대단한 호의를 참고하여 실천해 보자.

3. 일하는 사람들은 유혹에 빠질 위험이 더 많다. 욕심 때문에 사소한, 때로 심각한 거짓말을 하게 된다. 관행이라는 미명으로 양심의 가책마저 느끼지 않는 경우도 있다. 거짓말하지 않는 방법을 시나리오로 구상하여 시도해 보자. 가상의 상황을 설정하여 '이렇게 거짓말하게 될 것 같은 상황에서 진실을 말하는 방법'을 연습해 보자.

4. 시편 15편과 24편을 '성전 입장 예식문'으로 보는 성경 해석이 있다. 성전 문지기나 제사장이 참된 예배를 드릴 수 있는 자격 조건을 열거하며 확인하는 절차를 거치는 것이다. 시편 15편의 내용으로 스스로 확인해 보자. 삶의 예배 역시 주님이 기뻐하시는 예배라는 사실을 언제나 명심하고 살아가자.

Part 6

주어진 삶의 자리에서
책임을 다하라

1.
아브라함의 책임 경영을 배우라

"경영이란 인간에 관한 것이다. 경영의 과제는 사람들이 협력하여 일할 수 있도록 만들고, 사람들이 자신의 장점은 살리고 단점은 방해되지 않도록 만드는 것이다." -피터 드러커(Peter Ferdinand Drucker)

성경에도 과연 노사 관계가 있을까? 창세기 31장에서 성경이 말하는 노사 관계의 분명한 근거와 단서를 발견할 수 있다. 창세기 31장의 배경은 이스라엘의 족장 야곱이 활동하던 시대이니 지금으로부터 약 4,000년 전이다. 그때도 일터에서 노사 관계가 있었다는 점이 놀랍다. 오늘 우리의 노사 관계를 돌아보면서, 크리스천의 책임에 대해 생각해 보자.

노사정위원회? 노사가협의회!

우리 사회에서 말도 많고 탈도 많은 관계들 중 대표적인 '노사 관계'에 대해 사람들은 어떻게 생각할까? 월급을 조금이라도 더 받고 싶은 노동자의 마음과 한 푼이라도 덜 주고 싶은 회사 측 입장이 대립하는 것인가? 제대로 대접받지 못하니 힘을 모아서 내 돈 내놓으라고 투쟁하는 것인가? 자본주의가 정착하면서 다른 나라들도 비슷한 과정을 겪었겠지만, 우리나라에서 '노사'(勞使)라고 하면 '갈등' 혹은 '분규'라는 대립적 단어들이 자주 언론 보도에 나오는 것이 현실이다. '화합'이라는 단어가 따라붙는 경우는 그리 많지 않다.

그런데 노사 관계는 늘 갈등과 대립을 연상시켜야만 할까? 한 기업 안에서 한 목표를 향해 가는 사이인데, 2인 3각을 하듯 함께한다는 생각을 할 수는 없을까?

우리나라는 1997년 IMF 구제금융 이듬해부터 노사 관계에 정부 측이 참여해서 노사정위원회를 구성했다. 그리하여 노사 간 갈등도 풀고 사회적 합의도 이뤄 보고자 노력하고 있다. 이는 정권이 바뀌면서도 지속되었고, 지금은 '대통령 소속 경제발전노사정위원회'라는 협의체를 구성하여 활동하고 있다. 쉽게 풀리지 않는 문제인 우리 사회의 구조적 갈등에 대해 정부가 관심을 갖고 뭔가 해 보려는 노력인데, 실효를 거둬야 할 것이다.

2015년 9월, 노사정위원회에서 일반 해고와 취업 규칙 변경 요건 완화 등에 대한 노동개혁안에 합의했다. 그리고 이듬해 1월, 한국노총이 정부가 '저성과자 해고'와 '취업 규칙 불이익 변경 요건 완화'를 일방적으로 발표한 것에 반발해 노사정위원회에서 탈퇴했다. 세부

방안에 대해 잘 협상하고 논의해서 바람직한 열매를 맺어야 한다.

창세기 31장에서는 좀 더 근본적인 협의체를 제안하고 있다. 기존의 노사 관계에 하나 더 덧붙여서 가정과 가족의 역할을 함께 생각해 볼 수 있다. 이름 붙이면 '노사가협의회'라고 할 수 있다. 노동자, 회사, 그리고 가정이 함께 책임을 다할 때 바람직한 관계가 형성될 수 있다고 보는 것이다.

라반 목축의 노사 갈등

양과 염소가 적어도 수천 마리는 되는, 규모가 꽤 큰 목축을 하는 가족 기업이 있었다. 이를 '라반 목축'이라고 이름 붙여 보자. 이 기업에 문제가 생겼다. 야곱은 직원이라고 할 수도 있고, 엄밀히 말하면 일종의 '월급 사장' 역할을 하는 사람이었다. 그런데 야곱이 자신들의 아버지의 재산으로 부자가 되었다고 문제 제기를 하는 사람들이 있었다. 회사의 대표이자 오너인 라반의 아들들로 야곱이 자기 아버지의 재산으로 축재했다고 주장했다(창 31:1). 또한 야곱이 가만히 라반 사장의 얼굴 표정을 보니, 자신에 대해 전과 같지 않음을 느꼈다(창 31:2).

우리가 이 일을 좀 더 구체적으로 살펴보려면 20년 전으로 돌아가야 한다. 야곱은 20년 전에 자신의 집에서 상속에 관한 문제를 일으켰고, 목숨을 구하기 위해 외삼촌 라반의 집으로 피신 왔다. 한 달쯤 지난 후, 아무리 조카라도 공짜로 일할 수는 없으니, 라반이 어떻게 품삯을 정해서 줄지를 야곱에게 물었다. 그러자 야곱은 외삼촌의 두

딸들 중 동생인 라헬을 사랑하니 라헬을 위해 7년 일하면 결혼시켜 달라고 했다.

7년 후 야곱은 드디어 결혼하게 되었다. 그런데 첫날밤 신방에서 신부 바꿔치기 사건이 벌어졌다. 야곱이 첫날밤을 보낸 후 일어나 보니, 신부가 라헬이 아니라 그녀의 언니 레아였다. 만일 내가 이런 일을 당했다면 절대 못 참을 것 같은데, 야곱은 현실에 수긍했다. 외삼촌 라반의 속임수를 알고도 또 다른 계약에 응했다. 7일간의 결혼식 기간을 채우면 다시 라헬과 결혼시켜 주겠다는 말에 따른 것이다. 만일 이때 라반이 다시 7년간 더 일하고 나면 라헬과 결혼시키겠다고 했으면 야곱은 거절했을 것이다. 이번에는 라헬과 먼저 결혼한 후에 후불 방식으로 신부 값을 갚도록 했다.

그래서 14년간 열심히 일하면서 아내 둘을 얻었다. 아내들이 자신의 몸종들을 야곱에게 첩으로 주면서 4명의 아내들이 경쟁적으로 아들 낳기를 해서 11명의 아들이 태어났다. 딸도 1명 있었다. 야곱이 빈손이지만 고향으로 돌아가려고 하자 라반 사장이 붙잡았다. 야곱으로 인해 복 받은 것을 인정하면서 품삯을 정해 또다시 고용 관계에 들어가게 된다.

야곱은 자신의 연봉을 제안했다. 먼저 양들 중에 아롱진 양, 점이 있거나 검은 양이 태어나면 자신의 품삯이 되게 해 달라고 했다. 또 염소들 중에 점이 있거나 아롱진 염소가 태어나면 그것을 자신의 품삯으로 삼겠다고 했다.

그런데 새로운 임금 협상 후 예상하지 못한 상황이 벌어졌다. 야곱의 '유전공학'은 기발하고 획기적이었다. 양과 염소의 새끼들이 인

위적으로 조절된 것이다. 아마도 야곱이 제시한 양과 염소가 기하급수적으로 늘어났을 것이다. 야곱의 재산은 점점 불어났다.

그 과정에서 라반은 야곱의 연봉을 10번이나 삭감했다. 라반 입장에서도 정신없었을 것이다. 그는 대응할 방법을 찾지 못했다. 아마도 이랬을 것 같다. 처음에는 검은 양들을 제외하겠다고 했다. 그랬더니 점박이 양들이 더 많이 태어났다. 그래서 라반이 또 연봉 협상을 변경해서 얼룩무늬 양들만 허용하겠다고 했다. 그러자 얼룩무늬 양들만 계속 태어났다.

여기서 노동자 측과 회사 측이 제기한 문제가 무엇인지 정리해 보자. 야곱은 이렇게 주장했다. 라반 사장이 자신의 연봉을 10번이나 삭감했는데도 자신의 가축이 많아진 것은, 공정하신 하나님이 라반 사장의 가축을 빼앗아서 자신에게 주신 것이라고 했다(창 31:7~9). 하지만 라반의 입장은, 나중에 야곱이 도망갔을 때 추적한 후 야곱에게 했던 이 말 속에 다 담겨 있다.

> "딸들은 내 딸이요 자식들은 내 자식이요 양 떼는 내 양 떼요 네가 보는 것은 다 내 것이라"(창 31:43).

경영자의 어깨를 누르는 책임감

먼저 경영자인 라반의 입장에서 책임 문제를 거론해 보자. 일단 라반은 경영자로서 가족과 직원들을 부양하기 위해 노력한 점을 인정받아야 한다. 직원들을 고용하여 월급을 주고 기업을 유지하려면, 경영자가 가만히 앉아 있을 수 없다. 10여 년간 직장 생활을 하다가 30여 년간 경영을 해 온 한 경영자는 자신의 경영에 대해 이렇게 말한다. "사업하다 보니 참 구질구질한 일들도 다 해야 했다"고. 그 거칠고 솔직한 표현 속에서 직원들을 위해 어떻게 돈을 벌 것인지 고민하는 '경영자의 고뇌'가 절절하게 느껴졌다. 라반도 그런 고민을 했을 것이다. 또한 라반이 자신의 집에 도피해 온 조카 야곱을 거둬서 보호해 줬다는 점도 인정받아야 한다. 라반은 야곱에게 긍휼을 베풀었다.

그런데 조카를 상대로 딸들을 결혼시키면서 14년이나 노동하게 한 것은 문제가 있지 않은가? 결혼지참금을 주어 딸들을 시집보내지도 않았고, 일종의 무임금 착취를 했다. 당시에 야곱처럼 결혼하기 위해 7년의 노동을 제공하는 신랑이 있었을까? 더구나 라반은 결혼 상대인 딸을 바꿔치기해서 더욱 교묘하게 야곱을 묶어 두려고 했다.

야곱의 품삯을 10번이나 변경한 것도 문제가 있다. 실제로 10번을 변경한 것인지, 관용적인 표현으로 그만큼 자주 변경했다는 것인지, 구분이 어렵다. 어쨌든 이렇게 연봉을 삭감하는 것은 바람직하지 않다. 한두 번 한 것이 아니라 적어도 몇 번 이상은 삭감했기에 야곱이 이렇게 말했을 것이다. 경영자가 직원들에게 월급을 줘서 직원들이 생활을 하고 미래를 설계할 수 있게 하는 일은 그 자체로 매우 중요한 사명이다. 하나님은 그 일로 경영자들을 부르셨다.

그런데 의외로 현실에서도 임금 체불이 자주 벌어진다. 직장인들 1,164명을 대상으로 설문 조사를 했더니 67%가 임금 체불 경험이 있고, 현재도 임금 체불 중인 사람은 23%나 되었다. 평균 체불 기간은 3개월, 평균 체불 금액은 455만 원이었다. 2014년에는 5년 내 최고로

1조 3,195억 원의 체불 임금이 있었다고 한다. 안타까운 일이다. 이런 면에서 라반이 경영자로서 직원인 야곱을 먹여 살리기 위해 애쓴 점은 제대로 평가받아야 했다.

그런데 라반이 생각하지 못한, 아니 생각하지 않으려고 한 부분이 있다. 직원인 야곱은 독립하고 싶은 고민이 있었다. 라반은 "네가 보는 것은 다 내 것"(창 31:43)이라고 강변했다. 내가 다 돌봐 주는데, 너의 직업과 관련된 부분은 물론이고 가족도 다 책임져 주는데 무슨 걱정이냐고 강변했다. 하지만 라반에게는 아들들이 있었고, 사위인 야곱을 후계자로 삼을 것도 아니었다. 야곱의 입장에서 자신을 보면 '빈손'이었다(창 31:42). 일하는 가장이 나이가 들면 수입을 늘리고 독립하여 가족을 안정적으로 부양하고 싶은 당연한 욕구가 생긴다. 야곱은 연봉 협상을 하면서 이렇게 말했다.

"그러나 나는 언제나 내 집을 세우리이까"(창 30:30하).

이 부분을 라반이 생각했다면 좋았을 것이다. 요즘 식으로 말하면, 직원에게 적절한 경제적 대우를 하고, 시간이 지나면 승진시켜 주는 것이다. 가정에서 아이들이 커 가면 경제적 필요도 더 많이 생기니, 가정경제를 꾸릴 수 있도록 대우해 주는 것이다. 또한 능력이 있고 본인이 원하면 리더십 교육과 후계자 수업을 시켜 주면 좋을 것이다. 그렇게 분사를 계획하여 독립시키는, 아름다운 파송의 기회도 있지 않았을까?

경영자들의 조찬 기도 모임에서 말씀을 전하고 이야기를 나누다 보면, 경영하면서 겪는 어려움에 대한 이야기가 종종 나온다. 주로 영업망을 갖추고 사업하는 경영자들에게 이런 경우가 많은데, 영업하던 직원들이 퇴사하면서 자신들이 거래하던 거래처를 빼 가서 경쟁자가 되는 경우가 있다고 한다. 규모가 작더라도 영업이 없는 사업은 거의 없는데, 이것은 경영하는 사람들이 겪는 일종의 숙명과도 같은 것이다. 그래서 그 일이 한이 되고, 두고두고 그 사람과는 원수가 된다.

이런 이야기가 나오면 참석한 경영자들은 '나도!'를 외치며 자신의 경험을 말한다. 그 못된 영업 사원, 혹은 후계자로 키우려고 했던 직원에게 배신당한 울분을 다시 한번 쏟아 놓곤 한다. 여러 차례 이런 경험을 하면서 나도 충분히 수긍하게 되고, 그 아픈 마음을 함께 나눌 수 있었다.

조금만 마음을 넓히자

이런 상황이라면 과연 어떻게 하는 것이 좋은가? 경영자 라반의 입장에서는 야곱의 할아버지인 아브라함에게 배울 기회가 있었다면 좋았을 것이다. 아브라함은 라반과 사돈 관계였으니, 아마 라반도 아브라함의 이야기를 여동생 리브가나 매제 이삭에게 들어서 알고 있었을 것이다.

아브라함도 역시 조카와 갈등을 겪었다. 아브라함은 고향 갈대아 우르를 떠나 약속의 땅으로 가면서 이런저런 일들을 겪었다. 애굽에 가서는 목숨을 구하기 위해 아내를 누이라고 속이기도 했다. 이렇게 여러 우여곡절을 지나면서 그의 가축 떼는 어느덧 많아졌다. 그런데 아브라함의 종들과 롯의 종들이 서로 다퉜다. 가축은 많아졌고 목초지와 우물은 한정되어 있으니, 한 지역에서 함께 유목하며 거주하기가 불편해진 것이다. 이런 문제를 접하자 아브라함은 이야기한다.

"우리는 한 친족이라 나나 너나 내 목자나 네 목자나 서로 다투게 하지 말자 네 앞에 온 땅이 있지 아니하냐 나를 떠나가라 네가 좌하면 나는 우하고 네가 우하면 나는 좌하리라"(창 13:8~9).

얼마나 멋진 아량이고 배짱인가? 아브라함은 객지 생활을 하고 있었다. 당시는 치안이 유지되는 안정된 사회가 아니었다. 더구나 객지인은 한 사람이라도 더 함께 있어야 힘이 되고, 해코지하는 사람들로부터 자신을 지킬 수 있었다. 좀 다투더라도 함께 있는 이익이 더컸을 것이다. 그런데 아브라함은 롯과 떨어지려고 한다. 하나님을 향한 믿음이 있었던 것이다. 갈등이 생겨 떨어져 지내더라도 하나님이 함께하실 것이라는 확신을 갖고, 배짱 있는 믿음을 보인 것이다.

조카 롯은 이때 요단 지역을 바라봤다. 물이 넉넉하고 에덴동산같이 목축하기 좋으니 그쪽을 얼른 택해서 달아났다. 인사치례로라도 삼촌 아브라함이 먼저 택하시라고 권하지도 않았다. 그렇게 롯은 이기적인 선택을 하고 만다.

아브라함에게 서운함이 있었을 것이다. 롯이 떠난 후에 하나님이 아브라함에게 나타나서 이렇게 말씀하셨다.

"너는 눈을 들어 너 있는 곳에서 북쪽과 남쪽 그리고 동쪽과 서쪽을 바라보라 보이는 땅을 내가 너와 네 자손에게 주리니 영원히 이르리라 내가 네 자손이 땅의 티끌 같게 하리니 사람이 땅의 티끌을 능히 셀 수 있을진대 네 자손도 세리라 너는 일어나 그 땅을 종과 횡으로 두루 다녀 보라 내가 그것을 네게 주리라"(창 13:14~17).

라반이 믿음에 근거하여 윗사람과 경영자로서 아브라함의 아량을 보일 수 있었다면 좋았을 것이다. 조금만 마음을 넓히면 경영자의 책임을 다하고 좋은 평판을 얻을 수 있다. 또 손해 보는 것 같아도 채워지기 마련이다.

우리의 재능을 하나님 나라 위해 팔자

이제는 스무 살이 넘은 딸이 막 세 돌이 되어 갈 때니 꽤 오래전 일이다. 딸아이가 나중에 크면 돈을 벌어서 엄마에게 예쁜 신발을 사 주겠다고 말했다고 한다. 그 이야기를 하는 아내의 입꼬리가 귀에 걸렸다. 감격한 아내가 물었다고 한다.

"소정이가 어떻게 돈을 벌 건데?"

전혀 주저하지 않는 딸의 대답은 이랬다.

"책 파야서!"(책 팔아서)

당연하다면 당연한 대답이었다. 당시에 아빠인 내가 출판사에서 책을 만들어 팔았으니, 우리 아이들도 책 파는 일이 돈 버는 방법이라고 생각했던 것이리라. 공휴일에 책을 특판하는 곳에 아이들을 몇 번

데려가기도 했다. 아이들이다 보니 책을 팔면 돈을 받아서 통에 포개 놓고, 줄어든 책들을 다시 진열하는 일이 재미있고 신났을 것이다. 아이들은 소꿉놀이를 하면서 책 파는 놀이를 하곤 했다.

우리는 일을 하면서 우리의 능력으로 제품과 서비스를 만들어 낸다. 그것을 필요로 하는 사람들에게 제공하여 유익을 주고, 우리는 수입을 얻는다. 이런 의미에서 우리 인생은 장사, 즉 비즈니스를 하는 것이다. 나는 목사로 살고 있지만 파는 것이 모든 사람의 인생에서 중요하다는 점에 수긍한다. 누구나 자신이 가진 재능에 가치를 부여해서 판매하는 비즈니스를 한다. 그런 의미에서 우리 모두는 경영자다.

누가복음 18장에서 예수님은 비즈니스와 관련하여 천국의 모습을 설명하신다. 영원한 생명을 얻기 위해 찾아온 한 관리에게 예수님은 만일 천국에 들어가기 원한다면 가진 모든 것을 팔아 가난한 자들에게 주고 나를 좇으라고 하신다. 여기서 그 부자 공무원이 갖고 있던 재산을 다 '기부'하고 예수님을 좇으라고 말씀하신 것이 아니다. '팔아' 가난한 자들에게 나눠 주라고 하셨다. 이렇게 파는 것이 바로 비즈니스 아닌가?

비즈니스를 잘 감당하면 얻을 상이 있다.

"그리하면 하늘에서 네게 보화가 있으리라"(눅 18:22).

이런 상을 얻기 위해 오늘 우리는 일터에서 천국을 세워 가는 일을 한다. 예수님은 천국 잔치에 참여하는 특권을 누리려면 이 땅에서 비즈니스를 제대로 감당하라고 분명하게 말씀하신다.

그런데 가진 것을 다 팔아 나눠 주고 나를 좇으라고 예수님께 권면받은 부자 관리는 근심하면서 돌아갔다고 한다. 어떤 결정을 내렸는지는 정확히 알 수 없다. 오늘 주님은 우리에게도 결단을 요구하신다. 우리는 가진 것을 다 팔아서 하나님 나라에 그것들을 쌓아 둬야 한다. 이것은 우리 인생의 우선순위이자 헌신의 결단을 말하는 것이다.

우리도 인생의 근본적인 관심과 비전을 하나님 나라에 맞춰야 한다. 시간과 재능과 재물과 인생의 모든 것을 하나님 나라를 위해 팔겠다는 각오로, 인생의 우선순위를 하나님 나라의 건설에 두며 살아야 한다. 오늘 우리가 하는 일이 헌신의 '비즈니스'가 되어 천국을 세워 간다는 것을 명심하자.

2.
보아스 사환의
주인 의식을 배우라

"지금이야말로 일할 때다. 싸울 때다. 나를 더
훌륭한 사람으로 만들 때다. 오늘 못하면 내일
할 수 있겠는가?"-토머스 아 켐피스(Thomas a
Kempis)

미국의 정유 회사인 스탠더드 오일에 존 아치볼드(John Archibald)라
는 영업 담당 직원이 있었다. 그는 말단 직원이었지만 열정이 남달
라서 입사한 지 얼마 되지 않아 '한 통에 4달러'라는 별명으로 불렸
다. 그의 별명은 스탠더드 오일 회사의 광고 문구였다. 출장을 자주
가던 아치볼드는 호텔 체크인을 할 때 숙박부에 서명을 하면서 옆에
다가 "한 통에 4달러, 스탠더드 오일"이라는 문구를 꼭 적었다. 혹시
기름이 필요한 사람 있으면 자신에게 연락해 달라는 말을 호텔 직원
에게 하는 것도 잊지 않았다.

어느 날 캘리포니아의 작은 도시로 출장을 간 아치볼드는 늦은 시
간에야 호텔을 찾았다. 잠자리에 들려고 하는데 숙박부에 서명만 하

고 온 것이 생각났다. 그래서 옷을 입고 나가서 직원에게 숙박부를 달라고 하여 "한 통에 4달러, 스탠더드 오일"이라고 서명 옆에 써 넣었다. 그때 옆에서 보던 한 노신사가 왜 그렇게 하느냐고 물어보자 아치볼드는 자신의 의도를 설명했다.

한 달이 지난 후 아치볼드는 회장님의 특별한 초청을 받았다. 그 곳에 가 보니 한 달 전에 만난 노신사가 있었다. 그는 그 회사의 회장인 석유 왕 록펠러였다. 그렇게 회사 일에 열정을 갖고 있는 사원을 옆에 두고 싶다고 칭찬한 록펠러는 아치볼드를 본사로 발령했다. 나중에 록펠러가 경영 일선에서 물러났을 때, 그는 자신의 업무를 대행할 사람으로 존 아치볼드를 임명했다.

최선을 다해 일하고, 몰입하라

창세기 31장에서 살펴본, '노사가협의회'의 한 축인 노동자 야곱의 책임에 대해 생각해 보자. 과연 야곱은 일터에서 직장인의 책임을 다했는가?

야곱 역시 20년간 자신이 맡은 일에 최대한 노력을 기울였고, 성실했다. 이 점은 인정받아야 한다. 야곱은 노동자의 양심선언을 했다.

> "내가 이 이십 년을 외삼촌과 함께하였거니와 외삼촌의 암양들이나 암염소들이 낙태하지 아니하였고 또 외삼촌의 양 떼의 숫양을 내가 먹지 아니하였으며 물려 찢긴 것은 내가 외삼촌에게로 가져가지 아니하고 낮에 도둑을 맞았든지 밤에 도둑을 맞았든지 외삼촌이 그것을 내 손에서 찾았으

므로 내가 스스로 그것을 보충하였으며 내가 이와 같이 낮에는 더위와 밤에는 추위를 무릅쓰고 눈 붙일 겨를도 없이 지냈나이다"(창 31:38~40).

사장인 라반도 인정한 야곱의 성실함은 칭찬받아 마땅하다. 그는 "낮에는 더위와 밤에는 추위를 무릅쓰고 눈 붙일 겨를도 없이 지냈다"고 고백한다. 이렇게 밤낮을 가리지 않고 고생하며 일하다 보니, 꿈에서 일과 관련된 아이디어를 얻게 된다. 양과 염소의 수태를 조절할 수 있는 탁월한 능력을 얻게 된 것이다. 이것이 바로 '몰입'이다.

잠언 31장의 현숙한 여인의 집중과 몰입에서도 살펴본 대로, 자신의 분야에 대해 집중적으로 공부하고 몰입하는 자가 결실을 얻는다. 야곱도 자신이 하는 일에 집중하면서 최선을 다해 밤낮으로 노력했기에, 꿈을 통해서 일에 관한 지식을 얻은 것이다.

서울 방송통신고등학교에서 교사로 근무하는 소병량 선생님에 대해 들은 이야기다. 그는 24년간 국가 공인 자격증을 68개나 취득했다. 수업과 수업 사이의 쉬는 시간 10분을 황금같이 활용해서 공부했다고 한다. 1년에 두세 개의 자격증을 취득한 것이니, 정말 대단하다. 그는 인터뷰에서 끊임없이 자격증 취득에 도전한 것은 자신을 강화시키는 방법이었다고 말했다. 노력의 결과를 눈으로 확인할 수 있었다고 한다.

이분의 이야기에 자극받아서, 전부터 도전하고 싶었던 '직업상담사 2급' 시험을 작년 6월부터 준비하기 시작했다. 마침 함께 근무하는 간사님이 공부를 시작했다기에 바로 그날 수험서를 주문해서 공

부를 시작했다. 당시 대학을 자퇴하고 새로 입시를 준비하던 딸에게
도 힘을 실어 주고 싶은 마음이었다.

그런데 집중해서 공부해야 하는데 시간이 없었다. 또 50을 넘긴
나이는 암기하는 공부에 최적화되어 있지 못했다. 다섯 과목을 들어
야 하는데, 한 과목에 수십 시간이나 되는 인터넷 강의를 앉아서 들
을 만한 여유가 없었다. 수험서만으로 독학해야 하는데 잘 외워지지
않고, 돌아서면 잊어버리니 난감했다.

결국 시간을 최대한 활용하고 반복해서 공부하기 위해 메모장에 공
부 내용을 메모하여 들고 다니면서 암기했다. 시험 볼 내용을 스마트
폰에 녹음해서 걸어 다니거나 운전할 때, 화장실에 갈 때, 밥 먹을 때
마다 들었다. 듣고 또 들었다. 나는 8월에 본 1차 필기시험에서 평균
73점을 받아 '40점 과락 없이 평균 60점 이상'의 합격선을 넘겼다.

2차 실기 시험은 내용을 적는 것인데, 더 집중해서 공부해야 했다.
그동안 직장사역연구소에서 일하면서 여유가 꽤 많은 직장인이라고
스스로 생각했는데, 책상에 앉아서 공부할 시간은 거의 없다는 사실
을 새삼스럽게 확인했다. 그래서 시간 날 때마다 공부한 것을 읽고,
반복해서 쓰고 또 쓰고, 녹음한 내용을 계속 들었다. 그리고 10월에
치른 2차 시험에서 68점으로 합격했다. 합격자 발표날인 11월 13일
아침, 홈페이지에 들어가 합격을 확인한 후 펄쩍펄쩍 뛰었다. 물론
옆에 아무도 없었다. 너무 기쁘고 감사했다. 이제 나를 '직업상담사'
라고 불러 주길 바란다!

내친 김에 더 공부할 의욕이 생기게 한 사건이 있었다. 2015년 가
을, 난데없이 불거진 이른바 국정 교과서 사건이다. 검인정 국사 교

과서로 공부하면 국정 교과서를 추진하는 사람들의 주장처럼 정말로 좌경화되고 영혼에 문제가 생기는지 직접 확인하고 싶었다. 20일도 채 안 남은 기간이었지만, 한국사능력검정시험을 치르기 위해 준비했다. 아이들이 고등학교 때 공부하던 검인정 교과서들을 정독하고(1권 정독하는 데 꼬박 1주일 걸렸다), EBS의 한국사 인증 시험 교재를 중심으로 공부하면서 메가스터디의 한국사 교재를 보조적으로 봤다.

그리고 2015년 10월 24일, 제29회 한국사능력검정시험 고급 과정에 응시했다. 당일에 채점해서 점수를 알고 있었지만, 합격자 발표날에 확인한 점수는 71점이었다. 나는 1급 합격 인증서를 받았다(60점이 넘으면 2급, 70점이 넘으면 1급 인증서를 준다). 준비 기간이 너무 짧아서 1급 인증서를 받으려면 한 번 더 시험을 치러야겠다고 생각했는데, 감사하게도 1급에 합격했다. 그 인증서가 지금 내 책상 앞에 놓여 있다.

어느 나라 역사나 마찬가지겠지만, 공부해 보니 우리나라의 역사 속에 좋은 것만 있을 수는 없고, 불행하고 안타까운 역사도 있었다. 하지만 그 와중에도 나라를 위해 애쓴 우리의 조상들과 선배들에게 감사했다. 궁극적으로 우리나라를 인도해 주신 하나님의 섭리를 느낄 수 있었다.

나이가 들어도 집중하고 몰입하니 공부할 수 있었고, 성과도 낼 수 있었다. 하나님이 은혜를 베풀어 주신 것이지만, 집중해서 공부하니 결과를 얻을 수 있었다.

야곱도 적지 않은 나이에 밤낮을 가리지 않고 자신의 일에 집중했다. 그러다 보니 가축이 많이 불어나는 성과를 얻을 수 있었다. 우리는 이 점을 배워야 한다.

당시 관행으로는 목자가 짐승에게 물려 죽은 가축을 제시하면 목자에게는 책임이 없었다고 한다. 목자가 맹수를 쫓았다는 증거가 되기 때문이다. 그런데 라반은 맹수에게 물려 죽은 가축이나 도둑을 맞아 손실이 난 가축에 대한 책임을 야곱에게 지게 한 것 같다. 야곱이 이런 불리한 대우를 받으면서도 보여 준 탁월한 성실함은 분명 인정받아야 한다.

치열하게 일하되 윤리적으로 일하라

야곱이 열심히 자신의 일을 한 것은 틀림없다. 그런데 야곱은 자신의 업무 능력이라고 할 수 있는 수태의 비밀을 그렇게 차별적으로 적용해야 했을까? 양들과 염소들이 교미할 때 눈에 보이는 이미지가 새끼들의 털 색깔을 좌우한다는 것을 발견한 후 적용한 것은 좋았다. 아이디어로 업무 개선을 한 것이고, 실적 향상에도 큰 도움을 줬을 것이다.

그런데 튼튼한 양들이 교미할 때만 얼룩지고 점 있고 검은 양과 염소가 태어나게 할 것은 뭔가? 약한 양과 염소는 라반의 것이 되게 하고 튼튼한 양과 염소는 자기의 것이 되게 한 야곱의 못된 행동은, 따지고 보면 계약 위반 아닌가(창 30:41~42)? 결국 야곱은 매우 번창했고, 양 떼와 노비와 낙타와 나귀가 많아졌다(창 30:43).

우리는 '야곱의 유전공학'에 대해 살펴봐야 한다. 야곱의 수태법의 과학성에 대해서는 집착할 필요가 없을 것이다. 야곱이 꿈에서 본 것을 이야기하는 장면을 보면, 그는 꿈에서도 볼 정도로 자신의 일에 몰입하고 집중했다. 그런데 이는 하나님이 라반의 불의에 대한 일종의 보상으로 야곱에게 기적적인 수태법을 알려 주신 것이라고 볼 수 있다(창 31:12). 야곱의 노력뿐 아니라 하나님의 역사가 있었기에 가능한 일이었음을 짐작할 수 있다.

문제는 야곱의 윤리성이다. 야곱은 이렇게 말한다.

> "하나님이 이같이 그대들의 아버지의 가축을 빼앗아 내게 주셨느니라"(창 31:9).

야곱의 아내 레아와 라헬도 이에 동의했다(창 31:16). 부부가 한통속이 되어 문제가 다분한 자신들의 재산 형성 과정을 합리화하고 있다. 이것은 한마디로 말해서 "내 것은 내가 알아서 챙긴다"는 심산이다. 여기서 "내 능력에 맞는 대접을 제대로 받지 못하니 내가 받을 연봉은 내가 챙기겠다"는 직장인의 박탈감과 피해 의식을 볼 수 있다. 이런 생각을 갖고 있는 직장인들이 더러 있다. 과연 이런 자세가 바람직한 것일까? 한번 확인해 봐야 한다.

영화 〈매드 시티〉(Mad City, 1997)를 보면, "한 직장인이 자신의 일터에서 생산해 낸 결과물은 과연 누구의 소유인가?"라고 질문한다. 영화는 인질극이 일어난 상황에서 현장 취재기자와 본사 앵커 간 갈등을 보여 준다. 지방으로 좌천된 기자 맥스 브래킷이 잡은 특종 기사를 본사의 메인 앵커인 케빈 홀랜더가 빼앗아 자기 것으로 만들려고 한다. 둘은 라이벌이었고, 맥스가 경쟁에서 밀렸다.

맥스는 인질범 샘의 실직 상황과 그의 인간적인 면을 부각시켜야 진실을 보도하는 것이라고 주장한다. 그러나 케빈은 인질범의 범법성을 드러내서 뒤바뀐 여론의 향배에 따라야 한다고 주장한다. 그리고 맥스에게 그 사건에서 손을 떼고 자신에게 넘기라고 한다. 화가난 맥스는 이렇게 소리친다.

"이 기사는 내 것입니다!"

그러자 방송국 스튜디오에 있던 한 직원이 이렇게 말한다.

"아닙니다. 그 기사는 방송국의 재산입니다!"

방송사를 등에 업은 케빈은 맥스가 취재한 기사 자료 중에서 샘에 대한 부정적인 내용들을 뽑아서 자신이 취재한 것처럼 보도한다.

직장인이 일터에서 일하면서 얻은 지식과 노하우는 어디까지가 회사의 것이고, 어디까지 그 사람의 것인가? 이에 대한 논의는 여전히 숙제로 남아 있다. 공직이나 특정 직업 영역에서 일하는 사람들이 재취업할 때는 유예 기간을 두는 법이 있고, 아예 재취업을 금하는 법도 있다.

야곱이 라반의 집에서 목축 일을 하면서 얻은 지식으로 자신의 이익을 편취하는 데 활용하여 결국 라반에게 해를 입힌 것은 문제가 아닐 수 없다. 야곱의 입장에서는, 14년간 노동력을 착취당하고 라반에게 계속 속은 것에 대한 일종의 반발 심리나 억울함 때문에 자신의 행동이 정당했다고 생각할 수도 있다. 그러나 일터에서 직장 생활을 하면서 야곱같이 행동하는 것이 과연 옳은지, 제대로 판단해야 한다.

일한 만큼 보상받지 못할 때는 어떻게 하나?

일터에서 내가 수고하고 애쓴 것을 인정받지 못하는 경우가 있다. 어떻게 하면 좋을까? 성경 속에서 대안을 찾아보자.

페르시아 궁궐의 문지기였던 유대인 모르드개는 아하수에로 왕을 살해하려던 반역자들을 고발하여 왕의 목숨을 구하는 공을 세웠다. 그런데 아무런 보상이 없었다(에 2:21~23). 하지만 모르드개는 기다렸다.

무려 8년이 지난 어느 날 밤, 아하수에로 왕은 잠이 오지 않았다. 평범한 사람들이 잠이 오지 않으면 불면증이지만, 왕이 잠이 오지 않으면 역사가 일어나는 경우가 있다. 아하수에로 왕은 잠이 안 오는 밤을 효과적으로 보내기 위해 궁정 일기를 읽으라고 명령했다. 그때 모르드개와 관련된 이야기를 듣게 되었다. 모르드개가 왕을 살해하려는 음모를 고발하여 반역을 막았는데, 그에 대한 보상이 없었던 것을 뒤늦게 안 것이다. 결국 모르드개는 보상을 받게 된다(에 6장).

모르드개가 뒤늦게 보상받은 일은, 유대인들이 하만의 흉계로 몰살당할 위기에 처한 상황에서 반전을 모색하는 중요한 계기가 된다. 에스더의 "죽으면 죽으리라!"는 단호한 결심과 모르드개의 인내가 합하여 하만이 몰락하고, 유다 백성이 페르시아에서 구원을 얻고 살아나게 된다. 하나님은 페르시아 제국의 한 직장인이 일터에서 제대로 보상받지 못한 억울함을 통해 이렇게 멋지게 역사하셨다.

일터에서 제대로 보상받지 못했다는 생각이 들 때, 모르드개처럼 기다리는 것도 중요한 한 가지 방법이다. 우리가 잘한 일들을 세상에서 다 보상받지는 못한다. 그러나 그렇게 보상받지 못하면 '천국

상급'으로 보상받는다. 그러니 너무 조급해하지 말고 기다려 보는 미덕이 필요하다. 이 땅에서 우리가 노력한 만큼 받으면 좋겠지만, 그렇지 못한 경우도 많다. 그럴 때는 예수님이 제자들에게 하신 말씀을 기억하자.

> "내가 진실로 너희에게 이르노니 나와 복음을 위하여 집이나 형제나 자매나 어머니나 아버지나 자식이나 전토를 버린 자는 현세에 있어 집과 형제와 자매와 어머니와 자식과 전토를 백 배나 받되 박해를 겸하여 받고 내세에 영생을 받지 못할 자가 없느니라"(막 10:29~30).

우리는 현세에서 하나님이 주신 보상을 받을 수 있는데, '박해를 겸하여 받는다'는 사실을 기억해야 한다. 또한 보상을 못 받을 수도 있다. 그러나 천국에서 주어지는 영생과 상급이 분명 있다.

소통이 필요하다

직장인 야곱에게 한 가지 더 아쉬운 점이 있다. 야곱은 마치 야반도주하듯 짐을 싸 들고 도망갔다. 라반에게 이야기도 하지 않고 도망갈 필요가 있었을까? 라반이 7일간이나 추격해서 따라붙을 정도로 멀리 도망가 버렸다. 이것은 분명 잘못이었다. 아무리 힘든 일이 있어도 도망가듯 퇴사해 버리면 안 된다. 일을 잘 마무리하고, 인수인계하고, 축복받으면서 나가는 것이 중요하다. 도망가듯 뛰쳐나와 봐야, 같은 업계에서 일하다가 뜻하지 않은 때에 외나무다리에서 또 만나게 된다!

우리 인생이 원래 그렇지만, 특히 일터에서는 많은 만남과 헤어짐이 있다. 경제적으로 어려운 시기에는 더욱 자주 반복되어 헤어짐에 대한 감각이 별로 없는 경우도 있다. 함께 일하던 사람들과 헤어질 때, 어떤 말을 나누며 이별하기를 원하는가?

미미 레더(Mimi Leder) 감독의 영화 〈딥 임팩트〉(Deep Impact, 1998)는 일터의 상하 관계에서 나눌 수 있는 멋진 '고별사'를 보여 준다. 이는 회식 자리의 건배사보다 의미 있고 감동적인 멘트다.

영화의 마지막 부분에 혜성의 충돌을 막아 지구를 구하려고 메시아호 우주선에 탑승한 승무원들의 이야기가 나온다. 그들은 지구로 돌진하는 혜성으로 날아가 핵폭탄으로 혜성을 폭파시키려고 했으나 실패하고, 지구로 귀환하는 중이었다. 그런데 지구에서는 보이지 않던, 혜성 뒤쪽에 있는 커다란 분화구를 발견하게 된다. 그때 대장은 그곳으로 우주선을 몰고 들어가 핵폭탄을 폭발시켜서 혜성의 충돌을 막자고 대원들에게 제안한다. 대원들은 그 자폭 작전에 동의한다.

죽음을 앞두고 대원들이 가족과 나누는 교신의 내용은 참 감동적이었다. 결혼 후 함께 교회에 나가기로 약속한 신혼의 아내를 둔 대원은 작전을 하느라 한 번도 아내와 함께 교회에 가지 못했다. 그는 꼭 교회에 나가라고 유언으로 전도했다. 홍일점인 여성 대원이 남편과 5세쯤 되어 보이는 딸에게 사랑한다고 말하는 모습도 안타까웠다. 실명한 한 대원이 작전 중에 태어난 자신의 아들을 한 번도 못 본 채 나누는 이별에도 눈물이 났다.

대원들이 모두 가족과 작별한 후, 여성 대원이 자폭 작전 직전에

카운트다운을 시작한다. 그런데 그 여성 대원은 지구를 구하기 위해 작전을 하느라 군 복무 중인 아들들을 만나지도 못한 메시아호의 대장에게 이렇게 말한다.

"대장님을 모시게 되어 영광이었습니다."

그러자 대장이 여성 대원과 모든 대원들에게 이렇게 말한다.

"고맙다. 그동안 제군들과 함께해서 자랑스럽다."

직장에서 윗사람과 아랫사람이 나누는 이별의 말이 이보다 더 감동적일 수 있을까? 함께 직장 생활을 하면서 모시던 윗사람에게 이렇게 고마움을 표현할 수 있다면 얼마나 감사한 일인가! 아랫사람에게 자랑스럽다며 고마움을 표현한다면 이 또한 얼마나 멋진 작별인가!

보아스의 사환에게 책임 의식을 배우라

그렇다면 야곱이 그 상황에서 가장 책임감 있게 행동하려면 어떻게 해야 했을까? 야곱이 그의 후손인 베들레헴의 보아스의 사환에게서 배울 수 있었다면 좋았을 것이다.

보아스의 사환은 중간 관리자로서 야곱과 비슷한 역할을 했다. 보아스의 집에서 일꾼들을 거느리고 추수하면서 집안의 청지기 역할을 책임 있게 감당했다. 그는 연약하고 소외된 사람들을 돕고 세워 주는 일을 중요하게 여긴 보아스의 경영 철학을 잘 파악하고 있었다. 보아스는 이방 여인인 룻에 대해 '이스라엘의 하나님 여호와의 날개 아래에 보호를 받으러 온 여인'(룻 2:12)이라고 생각했다. 보아스의 사환은 평소에 자주 대화하면서 자신이 모시고 있는 경영자 보아스의 경영 철학을 잘 파악했다. 그가 과부인 이방 여인 룻에게 자신의 주인 보아스의 밭에서 일할 기회를 준 것이 이 사실을 잘 보여 준다.

보아스의 사환은 목표가 뚜렷하기에 업무 파악을 철저하게 했다. 룻이 아침부터 와서 열심히 일하고 잠시 집에 가서 쉬고는 다시 와서 계속 일했다며 보아스에게 보고했다. 룻이 일하는 상황을 잘 파악하고 있었다(룻 2:7). 그는 상사의 신임을 받고 있었다. 중요한 문제들은 보아스와 함께 논의했다.

또한 그는 위임받은 일에 대해서는 재량권을 발휘하여 책임 의식을 갖고 일했다. 그리고 적극적인 위임을 시행했다. 오늘날로 말하면 비정규 직원인 룻에게 호의를 베풀어 준 것이다. 룻이 그에게 요구한 '단 사이에서 이삭을 줍는 일'(룻 2:7)은 특별한 혜택이었을 것이다. 보통 이삭을 줍는 사람들은 추수꾼들이 곡식을 다 베고 지나간 후에 뒤따라가면서 떨어진 이삭을 줍는다. 그런데 룻은 추수꾼들과 가까운 곳에서 이삭을 줍게 해 달라고 요구했다. 그는 이 요구를 허락했다. 다른 사람들보다 룻에게 호의를 더 베풀어 준 것이다. 아마도 보아스의 의중을 이미 알고 있었기에 이런 결정을 할 수 있었을 것이다. 이는 윗사람이라면 어떻게 했을지 판단하여 책임지고 일하는 멋진 위임의 사례다.

야곱이 보아스의 사환 같은 자세로 일했다면 얼마나 좋았을까? 그가 겪은 문제들 중 많은 것들이 문제가 되지 않았을지도 모른다. 그래서 더욱 아쉽다. 무엇보다 야곱에게 아쉬운 점이 있다. 보아스의 사환이 보아스와 대화했던 것처럼, 경영자인 라반과 자신의 일에 대해 대화하지 못한 점이다. 장인어른이기도 했던 외삼촌 라반과 왜 마음을 열어 놓고 대화하지 못했을까? 물론 대화는 혼자 시도한다고 되는 것이 아니다. 하지만 야곱이 문제라고 느끼는 부분에 대해 라반과 대화하려고 적극적으로 노력했다면, 그런 식으로 행동하지는 않았을 것이다. 만일 대화를 했다면 문제가 그렇게 심각하게 전개되지는 않았을 것이다. 문제가 생길 때마다 대화로 풀었다면 어땠을까? 아쉬움이 진하게 남는다.

3.
나오미의 경청의 힘을
배우라

"행복한 사람이란, 즐겁게 일하고 자신이 해 놓은 일을 기뻐하는 사람이다. 또한 왕이든 농부든 자신의 가정에서 평화를 발견하는 사람이다." - 요한 볼프강 폰 괴테(Johann Wolfgang von Goethe)

몇 년 전, 예전에 섬기던 교회의 50주년 기념 예배에 참석하러 갔다가 교회 주변에서 희한한 장면을 봤다. 한 아파트 단지의 울타리가 요철 모양으로 쏙 들어가 있고 그 자리에 조그마한 집이 한 채 있는데, 검은 천막 같은 것으로 지붕을 덮어 놓았다. 사람이 살지 않는 듯했다.

얼마 후 마침 그 아파트를 건설한 건설 회사의 직장 예배에 가서 설교할 기회가 있었다. 예배 후 차를 마시면서 물어보니, 그 몇 평 되지 않는 집의 주인이 어마어마한 보상을 요구해서 결국 포기하고, 그렇게 보기 흉하게 아파트 단지 공사를 할 수밖에 없었다고 한다. 마지막 협상 때 회사에서 보상금으로 5억 원을 제시했는데, 집주인은 50억 원을 요구했다고 한다. 회사는 그 일로 용적률이 줄어들고,

미관상 손해를 많이 봐서 다시 복원하거나 협상할 수도 없다고 했다.

가만히 생각해 보니, 그렇게 자신의 집이 아파트 공사로 수용된 상황에서는 억울할 것 같고, 충분히 보상받고 싶은 심정을 가질 수 있을 것 같았다. 그 집주인의 이야기는 들어 보지 못했으니 단정적으로 판단하는 것은 공정하지 못할 것이다.

그런데 머릿속에 '피해 의식'이라는 단어가 맴돌았다. 부당하고 억울한 면이 있어도 최종 협상 때 적당히 타협할 수 있지 않았을까? '왜 나만 이런 일을 당해야 하나? 나는 절대 손해 못 본다'는 생각이 결국 아름답지 못한 결과로 나타난 것이다.

한 발 물러서서 조언하라

창세기 31장에 나오는 노사가협의회에서 세 번째로 살펴볼 것은 '노사 관계'에 덧붙인 독특한 역할, 바로 '가족'의 책임이다. 야곱의 아내인 레아와 라헬, 이 두 사람의 역할이 중요한데, 일단 두 사람의 머릿속은 피해 의식으로 꽉 차 있었다.

야곱은 자신의 일터에서 벌어진 상황에 대해 아내들에게 문제 제기를 했다.

"내가 그대들의 아버지의 안색을 본즉 내게 대하여 전과 같지 아니하도 다 그러할지라도 내 아버지의 하나님은 나와 함께 계셨느니라 그대들도 알거니와 내가 힘을 다하여 그대들의 아버지를 섬겼거늘 그대들의 아버지가 나를 속여 품삯을 열 번이나 변경하였느니라 그러나 하나님이 그를 막으사 나를 해치지 못하게 하셨으며 … 하나님이 이같이 그대들의 아버지의 가축을 빼앗아 내게 주셨느니라"(창 31:5~7, 9).

야곱은 자신의 문제는 쏙 뺀 채 라반의 문제만 지적하고, 하나님은 자기편이라고 말했다. 내용적인 문제는 나중에 판단하더라도, 야곱은 아내들에게 푸념하는 말 속에서 큰 잘못을 저지르고 있다.

그는 장인어른에 대해 이야기하면서 4번이나 '그대들의 아버지'라고 말한다. 이럴 때 아내라면 어떻게 대응해야 하는가? 남편이 장인어른을 부르는 호칭부터 고쳐 줘야 한다. 야곱은 '그대들의 아버지'가 아니라 '장인어른'이라고 호칭해야 하지 않는가. 부부 싸움을 할 때 화난다고 '당신 아버지', '니네 엄마'라고 하면, 부모를 떠나 한 몸을 이룬 부부의 정체성이 위협받지 않겠는가. 야곱의 아내들은 남편이 장인어른을 바라보는 안목부터 고쳐 줘야 했다. 그래야 노사 간 갈등을 제대로 바라볼 수 있다. 그런데 레아와 라헬은 그렇게 하지 않았다. 이것이 라반과 야곱, 두 사람의 노사 관계를 조정하고 돕지 못한 그들의 안타까운 한계였다.

오히려 라반의 딸들은 야곱보다 한술 더 떠서 부화뇌동했다.

"우리가 우리 아버지 집에서 무슨 분깃이나 유산이 있으리요 아버지가 우리를 팔고 우리의 돈을 다 먹어 버렸으니 아버지가 우리를 외국인처럼 여기는 것이 아닌가 하나님이 우리 아버지에게서 취하여 가신 재물은 우리와 우리 자식의 것이니 이제 하나님이 당신에게 이르신 일을 다 준행하라"(창 31:14~16).

아마도 레아보다는 라헬이 앞에 나서서 자신의 한과 분노를 표현했을 텐데, 이런 언사는 경거망동이다. 이것은 야곱의 불행이기도 했다. 노사 갈등으로 분노한 상황에서 라헬은 야곱이 한 발 물러서서 객관적인 판단을 할 수 있도록 조언해야 했다. 라반과 야곱의 불행한 노사 관계에 가족들의 도움이 없었던 것은 더욱 큰 불행이었다.

함께 대화하고, 기도하라

회사에서 벌어진 일에 대해 가족은 어떻게 이야기하고 행동해야 하는가? 우선 화가 나서 이성적 판단을 하기 힘든 당사자보다는 가족이 좀 더 객관적인 자세로 평가해 줄 수 있어야 한다. 물론 열 걸음쯤 뒤로 물러나서 완전히 객관적인 자세를 보이면서 비판하면, 그 조언은 전혀 귀에 들어오지 않는다. 그런 사람은 가족이라고 할 수 없을 것이다. 많이 물러나지는 말고 한 발 정도만 뒤로 물러나는 것이다. 미처 생각하지 못한 상대방의 입장을 들여다볼 수 있도록 살짝 조언해 주는 것이 중요하다. 가족이기에 외부인처럼 객관적이고 공정한 관점을 갖기란 쉽지 않다. 그러나 가족의 한 발짝 물러난 판단은 많은 도움이 된다.

조언을 제대로 해 주려면 무엇보다 대화를 많이 해야 한다. 먼저 최대한 경청해 주는 것이 중요하다. 일하는 사람은 집에 가서 가족에게 일 문제를 이야기하는 것이 중요하다. 그러다 보면 일하는 사람으로서 미처 생각하지 못한 부분을 가족이 지적해 주면서 가족의 책임을 다할 수 있다.

우리는 자신의 생각이 언제나 옳은 것처럼 착각하는 때가 많다. 하지만 한 방향으로만 생각하다 보면 한계가 있다. 낭떠러지에 떨어질 수 있다. 다른 입장, 상대방의 고민에 대해 관심을 조금만 가지면 다양성을 고려할 수 있고, 생각의 방향이 바뀔 수 있다. 균형적이고 바람직한 사고를 할 수 있다.

가족이 해야 할 중요한 일이 또 있다. 가족은 일터의 문제를 가지고 함께 기도할 수 있어야 한다. 가족의 중요한 역할이 바로 여기에 있다. 레아와 라헬이 남편이 겪는 갈등과 이직에 대한 고민을 놓고 하나님께 기도하면서 함께 문제를 풀어 갔다면 어땠을까? 그들이 기도하면서 하나님 뜻을 찾고자 노력했다면, 하나님이 그분의 뜻을 충분히 알려 주시고 문제를 풀어 갈 방향을 보여 주셨을 것이다. 그런데 레아와 라헬은 기도하지 않은 것 같다.

하나님 뜻에 따라 야곱의 가족이 고향으로 돌아가는 것이 기정사실이었다고 해도, 기도했다면 그 방법은 달랐을 것이다. 사후 노사 관계에 좋은 영향을 미칠 수도 있었을 것이다. 화를 내는 남편을 보고는 부화뇌동하고 경거망동하느라 기도할 줄 몰랐던 레아와 라헬, 이 가정의 비극이 참으로 안타깝다.

레아와 라헬은 그들의 후손인, 다윗 왕의 증조할머니 룻의 가정에서 배워야 할 점이 많다. 룻과 그녀의 시어머니 나오미와의 관계에서 배울 교훈이 있다. 나오미는 룻이 일하러 나갔다가 돌아오면 며느리의 이야기를 잘 들어 주었다. 먼저 며느리에게 질문하고, 중요한 문제를 제기했다. 그리고 룻이 미처 파악하지 못한 점을 알려 줬다. 보아스가 자기 집안을 회복시킬 기업 무를 자라는 사실도 알려 줬다.

룻이 공정하게 사건을 바라보는 안목을 키우도록 도와줬다.

나오미는 그렇게 경청하면서 가정의 얽히고설킨 실타래를 풀어냈고, 결국 아름다운 결과를 얻어 냈다. 나오미는 아마도 룻을 위해 열심히 기도했을 것이다. 룻을 보리밭 타작마당에 보내 놓고, 밤을 지새우면서 얼마나 마음 졸여 기도했을까! 하나님께 모든 것을 맡기며, 간구하는 기도를 했을 것이다. 결국 하나님은 몰락해 가던 나오미의 가정을 회복시키시고, 아름다운 언약의 열매가 꽃피게 하셨다.

함부로 맹세하지 마라

야곱이 가장으로서 가져야 했던 가족에 대한 책임도 생각해 봐야 한다. 야곱은 라반에게 말도 안 하고 도망치듯 떠났다. 그때 야곱은 아내 라헬이 장인어른의 가정 수호신인 드라빔을 훔치는 것을 몰랐다. 그래서 재산 상속의 의미를 가진 그 우상을 훔친 사람이 있다면 그는 살아남지 못할 것이라고 라반에게 맹세했다. 부전여전인지, 라반의 교활함을 빼닮은 라헬의 교묘한 기지로 발각되지는 않았다. 하지만 가장이 상황을 제대로 파악하지 못하고 헛된 맹세를 하여 가족을 위험에 빠뜨릴 수 있었다는 점은 짚고 넘어가야 한다.

예수님은 하늘로나 땅으로나 예루살렘으로나 우리의 머리로나, 그 어떤 것으로도 맹세하지 말라고 하셨다(마 5:34~36). 자신의 일에 대한 맹세도 조심해야겠지만 자신이 아닌 다른 사람에 대해 맹세하는 것은 더욱 삼가야 한다. 설령 가장 가까운 가족이나 친구나 잘 아는 사람이라고 할지라도 내가 좌지우지할 수는 없다. 한 인격체로 인정받아야 할 사람들에 대해 극단적인 조치를 하겠다고 맹세하는 것은 무모하고 불합리한 행동이다. 예수님이 맹세하지 말라고 하신 후 조언하신 결정적 내용에 귀 기울여야 한다.

"오직 너희 말은 옳다 옳다, 아니라 아니라 하라 이에서 지나는 것은 악으로부터 나느니라"(마 5:37).

여기서 야곱이 "외삼촌의 신을 누구에게서 찾든지 그는 살지 못할 것이요"(창 31:32상)라고 한 말을 일종의 예언적인 저주의 맹세로 보는 해석이 있다. 라반에게는 걸리지 않았지만, 이 저주의 맹세를 하나님이 성취시키셨다는 것이다. 얼마 지나지 않아 라헬이 베들레헴으로 가는 길에서 두 번째 아들인 베냐민을 낳다가 숨진 것(창 35:16~20)이 그 예언의 성취라고 보는 입장이다.

물론 맹세나 저주를 함부로 하지 말라는 교훈적 메시지는 줄 수 있다. 하지만 주석가 류폴드(H. C. Leupold)가 말한 대로, 이런 해석은 주로 유대교 랍비들의 해석으로 근거가 없다. 야곱은 만일 도둑질한 사람이 걸리면 죽을 것이라고 했는데, 걸리지도 않았는데 죽었단 말인가? 이것은 저주 예언의 성취가 아니라 우연의 일치라고 보는 것이 더 좋겠다(H. C. 류폴드,《창세기-하》, 크리스찬서적, 1991. 741쪽). 인생사나 세계사에 우연은 없고 모든 일이 하나님의 섭리 아래 있지만, 그렇게 연결하는 것은 지나친 억지 같다.

인생의 갈림길에서 하나님의 비전을 기억하라

쉽지는 않았지만 우여곡절 끝에 노사가협의회의 중요한 합의가 드디어 이뤄졌다. 라반과 야곱은 그리 나쁘지 않은 결별을 할 수 있었다(창 31:43~55). '갈르엣'(galeed, 증거의 무더기)이라고 기념하여 이름 붙인 곳에서 노사 간에 중요한 쌍방 합의가 체결되었다. 하나님 앞에서 언약을 체결하면서 돌을 쌓아 놓고 라반이 기도했다.

> "우리가 서로 떠나 있을 때에 여호와께서 나와 너 사이를 살피시옵소서"(창 31:49).

라반은 지난 6년 동안 야곱이 모은 모든 재산을 일종의 퇴직금 혹은 전별금으로 인정한 듯하다. 그 재산을 문제 삼지 않고 야곱을 보내기로 했다. 라반과 그의 가족들이 위협을 느낄 정도로 불어난 야곱의 재산이 결국 이별의 빌미가 되었지만, 라반이 더 이상 그것을 문제 삼지 않은 것은 그리 비합리적이지 않다.

라반도 "여호와께서 너로 말미암아 내게 복 주신 줄을 내가 깨달았다"(창 30:27)고 인정한 것처럼, 그는 야곱이 오기 전에는 그리 부유하지 못했다. 고용한 CEO인 야곱의 노련하고 성실한 경영으로 라반이 엄청나게 부를 축적하게 된 것을 고려하면, 야곱의 퇴직금 혹은 전별금은 충분히 합리적이라고 볼 수 있다.

그들은 서로에게 해를 끼치지 않을 것을 약속하는 상호 불가침 합의, 즉 평화조약을 맺었다.

재산과 권리 문제로 얽히다 보면 자식에게 얼굴을 붉힐 수도 있다.

아들이나 딸, 사위나 며느리와 이해관계가 얽혀서 미울 수도 있다. 그러나 손주는 그렇지가 않다. 라반은 할아버지로서 손주들과 작별했다. 다시 만날 수 있을지 기약도 할 수 없는 손주들이었다. 딸들에게도 입 맞추며 축복하며 떠나보냈다. 썩 만족스럽지는 않으나, 한 80점 정도는 되는 결별로 노사가 합의가 마무리되었다.

창세기 31장에서 야곱을 통해 확인한 것처럼, 갈등은 비전을 이루는 전환점이 될 수 있다. 하나님은 야곱에게 이렇게 말씀하셨다.

"네 조상의 땅 네 족속에게로 돌아가라 내가 너와 함께 있으리라"
(창 31:3).

하나님은 야곱 인생의 중요한 전환점을 라반의 일터에서 일하는 상황을 통해 만드셨다. 그것은 갈등 관계로 나타났다. 견디기 쉽지 않고 괴로웠지만, 그런 상황에서도 의미 있는 터닝 포인트를 발견할 수 있었다.

훗날 야곱의 아들 요셉도 인생에서 갈등 관계가 하나님의 비전을 성취하는 중요한 전환점이 될 수 있음을 배웠다. 형들에 의해 애굽에 팔려 가 고생하며 22년의 세월을 보낸 후, 요셉은 곡식을 사러 내려온 형들을 만나 이렇게 말했다.

"당신들이 나를 이곳에 팔았다고 해서 근심하지 마소서 한탄하지 마소서 하나님이 생명을 구원하시려고 나를 당신들보다 먼저 보내셨나이다"(창 45:5).

형들의 미움을 받아 애굽에 팔려 왔으나, 그 일이 바로 하나님이 계획하신 섭리 속에 있었다는 점을 분명하게 말했다.

일하다 보면 일터에서 갈등이 생기거나, 폐업이나 이직 같은 인생의 새로운 전환점에 서야 할 때가 있다. 인생의 갈림길에 섰을 때, 하나님이 나에게 주신 비전을 다시 한번 기억하고 점검해야 한다. 야곱의 가족은 노사가협의회를 통해 맡겨진 역할을 제대로 하지 못했다. 그러나 그나마 뜻을 합해 이뤄 내려는 의지를 가졌을 때 나름대로 아름다운 결실을 맺을 수 있었다. 우리 사회도 노사 간에, 가족 간에, 또한 정부의 역할 속에서 서로 책임 의식을 다하면서 여러 가지 문제들을 풀어 갈 수 있어야 한다. 함께 힘을 보태면서 아름다운 노사가 합의를 만들어 가기를 바란다.

1. 경영자로서, 혹은 일터에서 윗사람으로서, 부모로서 나는 아랫사람의 미래까지 책임 의식을 갖고 돌보는가? 라반은 이를 제대로 하지 못했던 것을 기억하면서 아랫사람을 세워 주는 윗사람이 되도록 노력하자.

2. 아랫사람으로서 윗사람의 고민과 어려움을 나 몰라라 하지 않았는지 돌아보자. 야곱은 억울한 일도 겪었지만, 윗사람인 라반에게 대화를 시도하고 문제 제기를 제대로 하지 않은 아쉬움이 있다. 일터에서 문제가 있다면, 정중하고 지혜롭게 윗사람에게 대화를 시도해 보자.

3. 일하는 가족의 이야기를 잘 들어 주고, 객관적인 판단을 할 수 있도록 조언해야 한다. 그리고 기도해 줘야 한다. 이것이 가족의 중요한 사명이다. 가족의 이야기를 잘 경청하는 일부터 시작해 보자.

4. '퇴근 후 가족과 나눌 이야기'를 꼭 준비하는 것이 좋다. 시도해 보라. 재미있는 이야기, 일하면서 겪은 일이나 나의 느낌과 생각, 시사적인 이야기, 또는 유머를 준비해서 가족들과 나눠 보자.

Part 7

크리스천은 이름이 아닌
사명을 남긴다

1.
떠난 자리를 보면
그 사람이 누구인지 알 수
있다

"나 자신의 삶은 물론이고 다른 사람의 삶을 삶답게 만들기 위해 끊임없이 정성을 다하고 마음을 다하는 것처럼 아름다운 것은 없다."
-톨스토이(Leo Tolstoy)

오늘의 시대는 성공지상주의 시대라고 말해도 그리 틀리지 않는다. 세상이 말하는 성공과 교회 안에서 말하는 성공이 잘 구분되지 않는 안타까움도 있다. 성경에서 말하는 성공의 핵심적인 개념 하나는, 바람직하게 계승해야 참된 성공이라는 것이다.

　계승과 성공의 관계를 설명해 주는 영어 단어가 있다. '성공하다'를 의미하는 영어 단어는 'succeed'다. 그런데 이 단어는 '계승하다'라는 뜻도 함께 갖고 있다. 비슷한 것 같으면서도 일치하지 않는 개념이다. 한 단어에 다른 의미의 뜻이 있는 것은 영어뿐 아니라 우리말에서도 비슷하다. 그래서 언어 공부가 어려운 것이다. 'succeed'의 명사형은 'success'인데, 여기에는 '성공'이라는 뜻만 들어 있다.

'succeed'의 명사형인 '계승'이라는 단어는 'succession'이다.

이것은 무엇을 뜻하는가? 프랑스어도 영어와 동일한 구조를 갖고 있다. 서양인들의 생각에는 성공과 계승이 밀접한 관계가 있는 것이다. 한 단어에 두 가지 뜻이 있는데, 그것의 명사형은 따로 구분하여 언어 체계를 복잡하게 만든 것이다. 그만큼 성공과 계승의 상호적 개념을 선명하게 강조하려는 의도가 아닐까? 진정한 성공은 계승과 관계되어 있다는 점을 언어 자체가 개념화하고 있는 것이 흥미롭다.

결국 계승을 제대로 하지 못하면 성공이라고 할 수 없는 것이다. 그래서 우리는 가정에서, 직장에서, 또 교회에서 참된 계승을 통한 멋진 성공을 추구해야 한다.

success to succession, 성공에서 계승으로!

신명기 31장은 모세가 가나안 땅을 앞에 두고 모압 평지에서 이스라엘의 신세대 젊은이들에게 전한 설교의 결론에 해당한다. 여호수아가 모세의 뒤를 이어 이스라엘의 지도자로 임명받고, 하나님이 율법의 낭독을 명령하신(31장) 후, 모세의 노래(32장)와 축복(33장)이 이어진다. 그리고 모세의 죽음으로(34장) 신명기는 끝난다.

신명기 31장을 보면, 모세가 여호수아에게 계승을 하고, 다음 세대를 위해 말씀의 유산을 남겨 놓는다. 이 계승과 유산이 영원한 하늘나라를 향해 나아가는 광야 백성의 중요한 책임이라는 것을 강조하는 것이다.

이스라엘 백성의 출애굽과 40년의 광야 생활을 이끈 위대한 지도자 모세의 마지막 모습에는 안타까움과 회한이 있었을 것이다. 또한 미래를 향한 비전과 확신도 담겨 있었을 것이다. 모세가 자신의 뒤를 이을 여호수아에게 유언처럼 남긴 말 속에는 다음 세대를 위한 염려와 격려가 동시에 담겨 있다. 모세가 말하는 계승과 유산의 책임을 요약하면 이런 내용이다.

> "나는 못 가지만 여호수아는 요단을 건너 가나안으로 들어가리라. 하나님이 함께하시며 그 땅을 차지하게 하시니 너희는 강하고 담대하라. 두려워하지 말라. 여호와가 앞서 가시리라. 백성과 자녀들에게 율법을 배워 행하게 하라"(신 31:1~13 참조).

그런데 이런 계승을 위한 노력은 광야 생활을 시작한 시기부터 일찌감치 시작되었다. 출애굽기 17장은 이스라엘 백성이 애굽을 탈출한 후 광야 생활을 시작하며 치른 전쟁에 대해 기록한다. 아말렉 종족과 이스라엘 백성이 전쟁하는 장면이 나온다.

지도자 모세는 여호수아에게 군대를 모아 나가서 아말렉 종족과 싸우라고 명령했다. 그리고 자신은 측근 인사인 아론과 훌과 함께 산꼭대기에 올라갔다. 여호수아는 백성을 이끌고 나가서 전쟁을 하고, 모세는 하나님의 지팡이를 잡고 손을 들었다. 하나님께 기도한 것이다.

그런데 모세의 손이 올라가 있으면 이스라엘 군대가 이겼다. 모세가 힘들어서 손을 내리면 이스라엘 군대가 졌다. 팔을 오래 올리고 있는 것은 쉬운 일이 아닌데 어쩌면 좋은가? 방법을 고민하다가 아론과 훌이 모세를 돌 위에 앉히고 각각 모세의 한쪽 팔을 붙들어서 팔이 내려오지 않게 했다. 그래서 모세의 팔이 해가 지도록 내려오지 않았다고 한다. 여호수아는 이스라엘 백성과 함께 아말렉 족속을 크게 무찔러 이겼다.

이스라엘 백성이 아말렉 전쟁에서 승리한 것은 어떤 교훈을 주는가? 이 승리는 모세 덕인가? 아니면 팔을 붙들어 준 아론과 훌 덕인가? 역시 모세가 하나님께 드린 기도가 승리를 가능하게 한 요인인가? 물론 기도가 중요하다는 점은 무시할 수 없는 교훈이다. 그런데 승리의 요인은 언제나 하나님께 있다.

"싸울 날을 위하여 마병을 예비하거니와 이김은 여호와께 있느니라"(잠 21:31).

아말렉과의 전쟁은 잠언 말씀을 잘 보여 주는 사례다. 그런데 이 사건은 중요한 교훈 하나를 더 준다. 성공은 계승과 연관되어 있다는 것이다. 진정한 성공은 계승되어야 한다.

모세는 광야 생활이 40년이나 남아 있었지만, 광야 생활에 첫발을 내디딘 때부터 여호수아를 지휘관으로 세워 전쟁을 지휘하게 했다. 자신은 산 위에서 하루 종일 손을 들고, 얼굴을 그을린 채 땀 흘리면서 기도하는 수고를 감당했다. 이렇게 계승을 위해 노력할 때 진정한 승리와 성공을 거둘 수 있었다.

한번 상상해 보라. 아말렉과 전쟁하면서 누가 가장 힘들었을까? 팔을 내리지도 못하고 하루 종일 들고 있던 모세가 힘들지 않았을까? 모세 옆에 있던 아론과 훌은 어떤가? 빛도 없이 보좌만 하느라 고생하지 않았는가! 전쟁의 현장에 나가 싸운 여호수아는 어떤가?

이름 없이 힘들게 전투하다가 부상당하고 전사한 병사들은 어떤가?

중요한 사실은, 그 사람들 모두가 고생했고 의미 있는 일을 했다는 것이다. 그들이 각자 자신의 위치에서 최선을 다했을 때 승리와 성공이라는 놀라운 결과가 있었다. 그래서 어떤 일이 생겼는가? 전쟁에 나가지 않은 노인들, 어린이들, 여인들이 안전하게 살 수 있었다. 여호수아가 백성을 이끌고 전투 현장에서 그렇게 고생하다 보니 이런 놀라운 일이 일어났다.

군가 〈진짜 사나이〉를 기억하는 사람들이 많을 것이다. 나도 오래전에 부른 그 군가를 지금도 외우고 있다.

> "사나이로 태어나서 할 일도 많다만 너와 나 나라 지키는 영광에 살았다. 전투와 전투 속에 맺어진 전우야, 산봉우리에 해가 뜨고 해가 질 적에, 부모 형제 나를 믿고 단잠을 이룬다."

이스라엘 백성이 전쟁터에 가는 것이 좋아서 선착순으로 달려간 것은 아니었을 것이다. 그런데 전쟁터에서 목숨 걸고 싸우면서 주어진 책임을 다하니 어떤 일이 벌어졌는가? 하나님이 승리하게 해 주셨다. 여인들과 아이들과 어르신들, 즉 나의 부모 형제가 안전하고 편히 발 뻗고 단잠을 자게 된 것이다. 이것이 진정한 성공이다.

이제는 나이 들어 병역의 의무를 다하지 못하는 아버지의 뒤를 이어 아들이 군대에 갔다. 요리조리 빠져나가는 미꾸라지들도 있었겠지만, 책임을 다하기 위해 전쟁터에서 열심히 싸웠다. 그랬더니 내 부모와 형제가 단잠을 잔다. 이것이 계승이다. 이것이 바로 진정한 성공이다. 우리는 자녀들에게, 후배들에게, 후손들에게 계승까지 추구하는 진정한 성공의 의미를 분명하게 가르쳐야 한다.

success to story, 성공에서 이야기로!

전쟁을 마친 후 하나님은 모세에게 특별한 지시를 하셨다. 아말렉과 싸운 이야기를 기록해서 기념하게 하셨다. 그리고 여호수아가 그것을 반복해서 듣고 아예 외우게 하라고 하셨다. 하나님은 이야기(Story)를 강조하신다. 그래서 모세는 제단을 쌓고 그 이름을 '여호와 닛시'라고 불렀다. "여호와 하나님이 나의 깃발"이라는 뜻의, 승리와 성공을 기념하는 이름을 지었다. 그는 담화문을 발표했다.

"여호와께서 맹세하시기를 여호와가 아말렉과 더불어 대대로 싸우리라 하셨다."

바로 이것이 아말렉과의 전쟁의 결론이었다. 진정한 성공이 계승되기 위해서는 이야기가 있어야 한다.

요즘 우리 사회에서도 이야기가 강조된다. 스토리텔링이 교육과 비즈니스와 광고 마케팅 분야에서 대세로 여겨진다. 사람들은 이야기에 감동한다. 그런데 이미 성경에서 하나님은 이야기를 통해 성공을 훈련하라고 강조하셨다.

> "마땅히 행할 길을 아이에게 가르치라 그리하면 늙어도 그것을 떠나지 아니하리라"(잠 22:6).

우리 아이들에게, 후배들에게, 다음 세대에게 무엇을 가르칠 것인가? 늙어도 그것을 떠나지 않을 것을 가르쳐야 한다. 배움이 삶의 습관이 되도록 반복해서 훈련시켜야 한다. 이스라엘의 부모들은 이스라엘이 애굽에서 탈출하여 구원받은 것을 기념하는 유월절에 대해 자녀들에게 질문과 대답 형식으로 가르쳐 줘야 했다(출 13:14~16).

그러면 무엇을 가르칠 것인가? 돈보다 가치를, 지위보다 진정한 명예를 가르쳐야 한다. 사람답게 사는 것의 의미와 중요성과 가치를 가르치는 것이 계승의 핵심이다.

"많은 재물보다 명예를 택할 것이요 은이나 금보다 은총을 더욱 택할 것이니라"(잠 22:1).

돈과 물질이 조성하는 타락한 문화로부터 자녀를 양육하고 보호하는 것이 부모의 책임이다. 일터에서도 진정한 가치를 잊고 헛된 성공을 추구하는 문화에서 돌이켜 바른길을 가게 하는 것이 윗사람의 책임이다. 우리의 후배들과 자녀들과 다음 세대를 이렇게 참다운 가치로 훈련할 책임이 우리에게 있다. 훈련을 통한 참다운 계승의 의미를 가르쳐 준 사건이 있다.

2009년 1월 15일, 미국 US Airways 소속 1549편 여객기가 뉴욕 허드슨 강 위에 비상 착륙하는 아찔한 사고가 일어났다. 비행기가 철새와 충돌하여 난 화재로 양쪽 엔진이 다 멈췄다. 당시 비행기는 뉴욕 상공 300m 위를 날고 있었다. 그 순간 기장인 체슬리 설렌버거(Chesley Sullenberger)는 공항으로 돌아가는 것을 포기하고 허드슨 강으로 방향을 틀었다. 비행기에 탄 승객 외에도 뉴욕 시민들의 안전을 지키기 위한 순간적인 판단이었다.

허드슨 강 수면 위로 안전하게 불시착한 후 승객들은 기장과 승무원의 지시 아래 비행기 양쪽 날개 위로 탈출했다. 기장은 마지막까지 기내를 돌며 혹시라도 남은 승객이 있는지 확인하고 또 확인했다. 곧 도착한 구조선들이 구조 작업을 시작했고, 불시착 후 불과 23분 만에 155명의 승객과 승무원들이 모두 구조되었다. 당시 뉴욕 시장이었던 마이클 블룸버그(Michael Bloomberg)는 이 사건을 '허드슨의 기적'이라고 표현했다.

사고기의 기장으로 국민적 영웅이 된 설렌버거는 이렇게 말했다.

"탑승객들과 지상에 있는 사람들에게 피해를 주기 싫었습니다. 지금까지 내 인생은 바로 그 순간을 위한 준비 과정이었다고 생각합니다."

사고가 난 그날에 자신이 했던 대응은 기적이 아니라 훈련의 결과였다고 말한 것이다. 매뉴얼대로 수시로 비상 탈출 훈련을 해 왔고, 수십 년간 기장으로서 비행기를 조종해 왔던 그 반복된 훈련이 사고의 피해를 최소화할 수 있었던 것이다.

오늘 우리도 이런 훈련을 잘 감당해야 한다. 잠언 22장은 마지막 구절에서 명예와 은총에 대해 결론을 내린다.

> "네가 자기의 일에 능숙한 사람을 보았느냐 이러한 사람은 왕 앞에 설 것이요 천한 자 앞에 서지 아니하리라"(잠 22:29).

여기서 '능숙하다'는 표현은 성실하고 근면하게 노력하는 자세를 말한다. 부단히 훈련해서 숙달되어 있고 노련한 상태를 말한다. 이렇게 되기 위해 부단히 노력하는 책임 있는 자세가 우리에게도 필요하다.

비전을 나누고, 사람을 세우자

계승에 대해 크리스천들이 관심을 갖고 살아야 할 또 다른 중요한 이유가 있다. 하나님의 언약의 성취에 동참하는 필수적인 과정이 바로 계승이다. 계승을 통해 언약의 성취를 분명하게 드러낸 대표적인 사람이 바로 요셉이다.

요셉은 보디발의 집에서나, 감옥에서나, 애굽의 총리로 궁궐에서 지낼 때나 복의 근원으로서 사람들을 유익하게 하는 삶을 살았다. 하나님은 아브라함에게 언약을 주시면서(창 12:1~3) "땅의 모든 족속이 너로 말미암아 복을 얻을 것이라"고 하셨다. 요셉은 그의 삶 속에서 이것을 실천하며 살았다.

요셉은 애굽에서 숨을 거두기 전에 이스라엘 백성이 애굽에 영구적으로 머무르는 것이 아님을 강조하기 위해 애썼다. 110세에 세상을 떠날 무렵, 그 사실을 분명하게 기억하고 후손들에게 부탁했다.

> "요셉이 그의 형제들에게 이르되 나는 죽을 것이나 하나님이 당신들을 돌보시고 당신들을 이 땅에서 인도하여 내사 아브라함과 이삭과 야곱에게 맹세하신 땅에 이르게 하시리라 하고 요셉이 또 이스라엘 자손에게 맹세시켜 이르기를 하나님이 반드시 당신들을 돌보시리니 당신들은 여기서 내 해골을 메고 올라가겠다 하라 하였더라"(창 50:24~25).

애굽에서 90년 이상을 산 요셉은 자신이 죽더라도 하나님이 이스라엘 백성을 인도하실 줄 믿고 있었다. 하나님이 약속하신 땅, 아브라함과 이삭과 야곱에게 맹세하신 가나안 땅으로 그의 후손들을 이끌어 주실 것을 확신했다. 아마도 요셉의 유골은 매장하지 않은 채 백성들이 볼 수 있도록 전시한 것 같다.

> "요셉이 백십 세에 죽으매 그들이 그의 몸에 향 재료를 넣고 애굽에서 입관하였더라"(창 50:26).

이것은 미라를 만든 것으로 볼 수 있다. 이스라엘 백성은 요셉의 유골을 눈으로 직접 보면서 가나안으로 돌아가야 할 그들의 비전을 상기했을 것이다. 요셉의 유골은 그 자체가 이스라엘 백성이 성취할 비전에 대한 좋은 '교보재' 역할을 했다. 그래서 출애굽을 할 때 요셉의 유언대로 모세가 요셉의 유골을 갖고 나갔다.

> "그러므로 하나님이 홍해의 광야 길로 돌려 백성을 인도하시매 이스라엘 자손이 애굽 땅에서 대열을 지어 나올 때에 모세가 요셉의 유골을 가졌으니 이는 요셉이 이스라엘 자손으로 단단히 맹세하게 하여 이르기를 하나님이 반드시 너희를 찾아오시리니 너희는 내 유골을 여기서 가지고 나가라 하였음이더라"(출 13:18~19).

하나님이 아브라함에게 주신 언약을 애굽 땅에서 지내던 이스라엘 백성이 430년 동안이나 잊지 않고 전달받은 것이다. 그들은 대를 이어 하나님 나라를 이룰 꿈을 꾸었고, 수백 년이라는 오랜 세월이 지난 후에도 그들의 꿈을 이뤄 가고 있었다.

사실 한 사람이 평생을 살면서 혼자서 해낼 수 있는 일은 그리 많지 않다. 내가 모든 것을 다 하겠다는 생각은 만용일 가능성이 크다. 그러니 내가 못하더라도 나의 자녀들이 하고 후배들이 한다면, 우리는 함께 하나님의 언약을 성취할 수 있다. 하나님이 아브라함에게 약속하신 대로 땅의 모든 족속이 복을 받는 것을 목도할 수 있을 것이다. 그 성취를 보기 시작한 사람이 요셉이다.

바로 이것이 바울이 말한 크리스천의 정체성이다. '세상(혹은 일터)과 하늘나라'의 이중 시민권을 갖고 살아가는 우리의 모습이다.

> "그러나 우리의 시민권은 하늘에 있는지라 거기로부터 구원하는 자 곧 주 예수 그리스도를 기다리노니"(빌 3:20).

우리는 책임을 갖고 일하는 사람으로서 자문해 봐야 한다. "나는 과연 나의 일을 후임자에게 제대로 계승하고 있는가?" 나 혼자만 일을 잘하면 되는 것이 아니다. 나를 이어 일할 사람이 내가 한 일을 더 잘 해내야 내가 일을 제대로 했다고 평가받을 수 있다. 계승의 계획을 갖고 있는가? 누구에게 어떻게 계승할 것인가?

우리의 가정에서 자녀들에게 계승해야 한다. 우리의 일터에서 후배들에게 성공적으로 계승해야 한다. 우리의 교회에서 다음 세대에게 참다운 계승을 시도해야 한다. 이것은 결국 비전의 문제고, 또한 사람의 문제다. 이것이 우리가 인생에서 남길 진정한 유산이다.

2.
변하지 않는 가치를
유산으로 남기라

———

"하나님이 우리와 함께하신다는 사실은 모든
백성에게 주어진 축복의 유산이다."
-앤드루 머레이(Andrew Murray)

지금 군대 생활을 하고 있는 아들은 좀 특이한 곳에서 근무한다. 주
한 미군의 한국군지원단의 사병으로 가게 되었는데, 일명 '카투사'
다. 아들은 훈련소에서 재미있는 경험을 했다. 육군 기본 훈련을 받
은 후 다시 카투사 훈련소에 입소해 훈련을 받던 어느 날, 전화를 걸
어 왔다. 군종병을 모집한다고 해서 지원하여 면접을 봤다는 것이다.
어떤 내용의 면접 질문을 받았는지 물었더니 "왜 군종병이 되려고
하는가?"라는 질문이 있었다고 한다. 아들이 어떻게 대답했는지 궁
금했다. 아들은 군종병에 대한 별다른 지식이 없어서 이렇게 대답했
다고 한다.
　"아버지가 한국군에서 군종사병으로 복무하셨는데, 제가 군종병

에 대해 잘 모르긴 하지만, 아버지가 하신 일을 저도 해 보고 싶은 마음이 들어서 군종병으로 지원했습니다."

나는 29년 전에 신학대학교를 졸업하고 신학대학원에 입학한 후 입대하여 기술행정병으로 군종사병에 지원했다. 그런데 아들은 신학교에 다니지도 않았다. 그러면서도 아버지가 했던 일이기에 군종병에 지원했다고 대답하다니, 합격하기는 힘들겠다고 생각했다. 나는 '복음의 열정과 영혼 사랑' 같은, 사명과 연관된 대답을 해야 정답이 아니었을까 생각했다.

그런데 며칠 후 아들이 군종병에 합격했다는 소식을 전해 왔다. 나중에 미국 문화를 경험한 지인들이 나에게 이야기해 줬다. 아버지가 한 일을 자식이 이어서 하는 것은 미국인들이 중요하게 여기는 '유산'(Legacy)의 가치라는 것이다. 아들의 답변은 허술하거나 무의미한 답변이 아니었다는 것이다. 내가 미국 문화를 잘 몰랐던 것이다. 아마도 아들의 답변이 면접관들을 충분히 설득했을 것이다. 아들 덕에 '유산'의 중요성에 대해 실감 나게 공부했다.

무엇을 유산으로 남길 것인가?

신명기 31장을 통해 모세에게서 배울 두 번째 책임은 '유산'이다. 우리는 하나님의 언약 백성으로서, 세상을 다스리는 왕의 책임을 가진 사람들로서 반드시 유산을 남겨야 한다. 어떤 결과, 어떤 유물, 어떤 업적, 어떤 전통을 다음 세대에 남기기를 원하는가? 유산(遺産)을 돈이나 물질적인 것으로만 생각하면 안 된다. 물질적인 부분도 포함

되겠으나 우리의 유산은 그보다 범위가 넓은 우리 인생의 작품, 즉 우리가 평생 살다가 넘겨주고 가는 가치를 말한다.

우리는 '다음 세대'를 위해 무엇을 남길 것인지 궁리하고, 의미 있는 실천을 해야 한다. 다음 세대에게 어떤 가치관을 심어 줄 것인가? 돈 많이 벌고 그럴듯한 집을 장만하고 땅도 좀 갖고 있으면 행복하다고, 노후 보장이 되면 안심할 수 있는 것이 인생이라고 가르칠 것인가? 다음 세대를 향해 강조하고 가르쳐야 할 핵심 가치는 과연 무엇인가? 내가 인생을 살아가는 목적이 분명하지 않으면 다음 세대를 이끌어 줄 수 없다.

사사기 2장 10절에서 여호수아 사후의 세대에 대해 이렇게 기록한다.

> "그 세대의 사람도 다 그 조상들에게로 돌아갔고 그 후에 일어난 다른 세대는 여호와를 알지 못하며 여호와께서 이스라엘을 위하여 행하신 일도 알지 못하였더라."

여호수아가 살았던 세대와 그의 영향을 받았던 세대의 사람들은 하나님을 잘 섬겼다. 그런데 여호수아가 살던 때와 여호수아 뒤에 생존한 장로들이 살던 때에만 여호와를 섬겼다고 한다(삿 2:7). 오늘날의 자녀들도 이런 심각한 함정에 빠질 수 있다. 이 시대의 청년들은 부모 세대의 경제적 부와 고학력으로 혜택을 받으며 자랐는데, 막상 취업 현장에 나오니 환경이 너무나 좋지 않은 악재를 만난 세대다. 취업 문제가 우리 청년들의 뇌리를 온통 채우고 있다. 이런 때에 어떻게 청년들에게 참된 가치를 심어 줄 것인가?

세상 속에서 취업 문제로 고민하고, 교회 안에서 신앙 문제로 갈
등하는 청년들에게 인생과 신앙의 참된 본질이 무엇인지 보여 줘
야 한다. 공부하고 취업하며 미래를 설계하는 우리의 자녀들에게 참
된 비전을 보여 주고 심어 줘야 한다. 교회에서 세상의 가치관과 다
르지 않게 "좋은 학교, 좋은 직장!"만 노래 부르지 말아야 한다. 성경
적인 직업관을 심어 주고, 하나님 나라의 우선순위를 추구하는 삶에
대해 가르치고 훈련시켜야 한다.

목적을 위해 죽는다면 행복한 인생

일본 제국주의의 압제와 만행에 맞서 대항한 많은 영웅들이 대한
민국의 독립운동사에서 빛난다. 우리가 꼭 기억해야 할 독립투사 중
한 사람으로 우당 이회영(李會榮) 지사가 있다. 그는 1910년에 명동
YWCA 근처에 있는 집안의 땅 6,000평을 처분하여 40만 냥을 확보했
다. 이 돈은 현재 가치로 600억~800억 원쯤 된다고 한다. 그는 그 돈
을 가지고 여섯 형제와 식솔 40여 명과 함께 망명을 떠났다. 그의 여
섯 형제와 가족은 남만주에 신한민촌을 건설하고 신흥무관학교를
설립하여 민족 교육과 독립군 양성에 헌신했다.

1932년 11월, 상해에 머물고 있던 이회영 지사는 일제의 감시로
활동 공간이 매우 좁아져서 고심했다. 그래서 상해를 떠나 만주로
가려고 했으나 안타깝게도 11월 17일, 대련에서 일본 경찰에 의해
체포되었다. 그리고 감옥에서 12일간 혹독한 고문을 당한 끝에 안타
깝게도 순국했다. 이회영 지사가 일본 경찰에게 잡힌 후 자신을 찾

아온 지인에게 이 세상에서 마지막으로 남긴 말은 다음과 같다.

"세상에 인간으로 태어나서 누구나 자기가 바라는 목적이 있네. 그 목적을 달성한다면 그보다 더한 행복이 없을 것이네. 그리고 그 목적을 달성하기 위해 그 자리에서 죽는다 하더라도 이 또한 행복이 아니겠는가."

한국사능력검정시험을 준비하면서 고등학교 한국사 책을 보니, 이회영 지사에 대한 한쪽짜리 박스 기사에 그의 항일 독립 투쟁을 기록하고 있다. 그 자료를 보니 이회영 지사의 형제들은 상동감리교회 청년회 출신이라고 한다. 목적을 달성하기 위해 그 자리에서 죽는다 해도 행복하다는 그의 말이 이해되었다. 하나님이 주신 사명을 위해서라면 목숨도 아깝지 않은 크리스천 마인드가 그의 마지막 말에 담겨 있지 않은가!

이회영 지사의 형제들은 해방 후 한 사람만 살아 돌아왔다. 이승만 정부 시절에 초대 부통령을 지낸 다섯째 형제 이시영 지사 외에는 아무도 고국으로 돌아오지 못했다.

2007년에 이회영 지사를 기념하여 명동에 그의 호를 딴 '명동우당길'이 명명되었다. 자신과 가족의 모든 소유를 바치고 평생을 독립을 위해 헌신하다가 목숨까지 바친 이회영 지사. 그는 가치 있는 인생이란 어떤 것인지를 우리에게 보여 준다.

눈높이에 맞는 훈련

이스라엘의 다음 세대를 위한 모세의 유산은 구체적으로 하나님 말씀, 즉 율법이었다. 모세는 율법을 써서 제사장들과 백성의 장로들에게 주고 명령했다(신 31:9~13). 그 내용은 말씀의 유산이란 무엇인지를 보여 준다.

"매 7년마다 돌아오는 면제년의 초막절에 온 이스라엘 앞에서 율법을 낭독하여 온 이스라엘이 듣게 하라. 백성의 남녀와 어린이와 성읍 안에 사는 타국인들을 모아 율법의 말씀을 듣고 배우고 지켜 행하게 하라. 말씀을 알지 못하는 자녀들이 듣고 하나님 경외하기를 배우게 하라."

특히 모세는 요단을 건너가서 차지하게 될 가나안 땅에 거주할 동안에, 말씀을 알지 못하는 자녀들이 말씀을 듣고 하나님을 경외하는 것을 배우게 하라고 한다(신 31:13). 이는 다음 세대를 말씀으로 세워 유산의 책임을 다하려는 모세의 의도를 잘 보여 준다. 하나님 말씀이 참된 유산이다. 앞으로 이스라엘의 신세대가 가야 할 가나안 땅은 생소하고 불확실한 환경이 많은 곳인데, 그곳에서 제대로 하나님을 경외하기 위해서는 말씀으로 무장해야 하는 것이다. 이것은 오늘 우리에게도 동일한 원리로 적용된다. 하나님 말씀이 불확실하고 불안한 시대를 살아가는 젊은이들과 다음 세대를 세워 줄 것이다.

유대인들의 경우에 부모가 자녀들에게 직접 율법을 교육했다. 물론 회당에서도 율법을 배웠다. 말씀의 유산을 위해 가정과 회당에서 말씀 교육을 실천한 것이다. 성경에 보면 '경문'(經文, phylactery)이 나온다. 출애굽기 13장의 유월절 규례나 신명기 6장의 쉐마 구절 등을 적은 양피지를 넣은 작은 가죽 상자인데, 13세 이상의 유대인 남자들은 하루 세 차례의 기도 시간에 미간과 왼팔 위쪽에 이 경문을 찼다. 이는 말씀을 늘 간직하고 말씀대로 산다는 상징성과 시각적이고 교육적인 의미를 담고 있다.

그런데 후대에 형식주의로 흘러서 이 경문을 부적이나 호신부 정도로 생각하는 폐단이 생기기도 했다. 예수님 당시에는 바리새인들이 경문을 항상 차거나 경문을 고정시키는 가죽 띠를 넓게 하고는 그것이 경건성의 표현인 양 과시했다. 그래서 예수님이 "그들의 모든 행위를 사람에게 보이고자 하나니 곧 그 경문 띠를 넓게 하며 옷술을 길게 하고"(마 23:5)라고 책망하셨다.

오늘날 우리도 말씀 유산의 형식화와 비효율성으로 어려움을 겪고 있다. 기성세대는 물론이고 다음 세대의 젊은이들이 말씀대로 살아갈 수 있도록 해야 한다. 자녀들과 후배들에게 말씀에 대한 좋은 습관과 훈련을 전수할 수 있어야 한다.

오늘날 가정, 교회, 신우회에서 하는 말씀 교육(읽기, 공부, 큐티, 암송, 쓰기 등)은 얼마나 효율적으로 이뤄지고 있는가? 스마트 시대를 맞아 달라진 세상의 상황은 고려하지 않고, 말씀은 변하지 않으니 옛날 방식 그대로 교육받으라고 강요할 수는 없다. 젊은 세대의 고민을 이해하고, 그들의 문화와 기호를 파악하여 유익하고 재미있는 경건 훈련의 도구를 개발할 수 있어야 한다. 신앙생활에서도 신앙생활의 당위와 의무만을 강요할 것이 아니라, 신앙을 갖고 사는 삶의 유익과 기쁨을 보여 줄 수 있어야 한다. 그래야 다음 세대를 세우고 진정한 말씀의 유산을 물려줄 수 있다.

말씀으로 인생의 방향을 잡아라

빌 헐(Bill Hull) 목사는《성령의 능력에 관한 솔직한 대화》(Straight Talk On Spiritual Power, 국제제자훈련원, 2007)에서 미국의 인기 있는 TV 프로그램인 〈California Gold〉에서 본 내용을 소개한다. 코끼리 조련사였다가 은퇴한 찰리 프랭크에 대한 이야기다.

찰리는 니타라는 코끼리를 오랫동안 훈련시켜서 공연했다. 그리고 은퇴 후에는 니타를 샌디에이고 동물원으로 보냈다. 찰리와 니타는 15년 동안 서로 만나지 못했는데, 프로그램 진행자가 찰리를 데리고 샌디에이고 동물원으로 니타를 찾아갔다.

찰리는 10마리의 코끼리들 중 니타를 금세 알아봤다. 하지만 15년의 세월이 지났기에, 늙은 코끼리가 옛 조련사를 알아볼지 확신이 없었다. 찰리가 먼 거리에 서서 니타를 불렀다. "니타, 귀여운 놈, 이리 와 봐!" 그러자 몸무게가 2톤이나 나가는 엄청난 덩치의 코끼리한 마리가 방향을 획 틀었다. 그리고 땅을 울리면서 찰리에게로 뛰어왔다. 찰리는 니타에게로 다가가서 쓰다듬어 줬고, 니타는 긴 코를 찰리의 볼에 비벼 댔다.

빌 헐 목사는 이 장면에서 울고 말았다고 한다. 찰리도 울었고, 진행자도 울었고, 수많은 시청자들이 함께 눈물을 흘렸다. 그런데 바로 그때 놀라운 일이 벌어졌다. 찰리가 그 옛날 니타와 함께 했던 공연을 니타가 똑같이 재연한 것이다. 15년 동안 서로 보지 못했는데도, 마치 한 번도 헤어진 적이 없었던 듯 둘은 함께 멋진 장면을 연출했다(《성령의 능력에 관한 솔직한 대화》, 364~365쪽).

니타는 동물원을 찾는 많은 사람들의 음성과는 다른 목소리, 자신을 돌보던 주인 찰리의 목소리를 기억하고 있었다. 이는 무엇을 말해 주는가? 양들은 목자의 음성을 알기에 따른다고 예수님이 말씀하셨다.

> "내 양은 내 음성을 들으며 나는 그들을 알며 그들은 나를 따르느니라"(요 10:27).

주님의 말씀을 늘 듣고 배우며, 말씀으로 인생의 방향을 잡아 나가겠다고 결심해야 한다. 시대적 상황에도 부합하고, 젊은이들의 취향과 습관에도 맞는 말씀 생활의 방법을 찾아야 한다. 시행착오가 있을 것이고 쉽지 않은 과정이겠지만, 우리가 먼저 말씀의 유산으로 무장하여 자녀와 후배들에게 말씀 생활을 보여 줘야 한다. 말씀 생활이 전해져서 좋은 습관으로 자리매김하도록 부단히 노력해야 한다.

3.
사람을 남길 때
사명은 계속된다

"세상 사람들이 다 없어져도 지낼 수 있다고 생각하는 사람이 있다면 그것은 대단히 잘못된 생각이다. 하물며 자기가 없으면 세상이 돌아가지 않는다고 믿는 사람은 더 큰 잘못이다." -프랑수아 드 라로슈푸코(Francois de la Rochefoucauld)

비단 일터에서만 드러나는 것은 아니지만, 일터에서 가장 분명하게 드러나는 사람의 유형이 있다. '사람 중심'(people)인가, '일 중심'(process)인가로 나눠서 사람들을 평가해 보라. 물론 한 유형만 갖고 있는 사람은 없고, 한 유형만 옳고 다른 유형은 무조건 잘못된 것도 아니다. 그런데 가만히 살펴보면, 조직에서 직급이 높은 사람들은 주로 일 중심 스타일이 많다. 성향 자체는 사람 중심이더라도 일 중심으로 계발되고 훈련된 사람들도 볼 수 있다.

초대교회를 이끈 두 사람의 선교사, 바울과 바나바를 이 유형으로 구분한다면 어떻게 나눌 수 있을까? 이들은 성격이나 일을 추진하는 방식이 달라서 갈등을 빚기도 했다. 두 사람을 살펴보면서 사람의 중요성을 느껴 보자.

일 중심과 사람 중심 간 갈등

안디옥 교회에 부임한 담임목사라고 할 수 있는 바나바가 목회를 잘 하고, 또 하나님이 복을 주셔서 안디옥 교회는 크게 부흥했다. 바나바가 고향 다소에서 은둔하던 사울을 목회자로 영입한 후 안디옥 교회는 두 사람을 선교사로 파송했다. 그때 마가가 선교 여행에 합류했다.

그런데 선교 여행 중에 밤빌리아라는 곳에서 마가가 중도에 포기하고 예루살렘으로 돌아가고 말았다. 아마 힘든 일이 있었을 것이다. 자세한 내용은 모르지만, 중도에 포기한 마가에 대해 바나바와 바울의 선교 팀은 안 좋은 인상을 받았을 것이고, 실제로 선교에도 차질이 생겼을 것이다.

두 번째 선교 여행을 떠나기로 결정하면서 마가를 다시 선교 팀에 포함시키느냐, 마느냐 하는 문제로 바울과 바나바는 격론을 벌였다. 이런 일은 우리의 일터에서도 흔히 볼 수 있는 상황이다. 바울과 바나바는 의견이 달랐는데, 바울은 마가를 배제했다. 선교하다가 또 돌아가 버리면 선교 팀에 손해를 끼칠 것이라고 생각한 것이다. 그런데 바나바는 마가를 다시 데려가자고 했다. 한 번 더 기회를 주자는 뜻이었을 것이다. 분명 바나바는 대표적인 사람 중심형이었고, 바울은 대조적으로 일 중심형이었다.

같은 '바씨'인 두 팀장이 마가를 새 프로젝트 수행 팀에 포함시키느냐, 마느냐 하는 문제에서 의견이 달랐다. 충분히 이해되는 상황이다. 바울은 마가의 전력을 보니 함께 일할 수 있는 사람이 아니라고 판단했다. 하지만 바나바는 실수를 한 번 한 것이니, 또 그때 상황에서는 그럴 수밖에 없었으니 상황을 참작하자고 했다. 본인이 다시 가겠다고 하는데, 기회를 한 번 더 줘야 하지 않느냐고 했다.

결국 다툼을 봉합할 수 없었다. 두 번째 선교 여행에서 바울과 바나바는 갈라섰다. 바나바는 마가를 데리고 갔고, 바울은 실라를 데리고 따로 팀을 꾸려서 선교 여행을 떠났다. 바나바는 구브로 섬으로 갔고, 바울은 1차 선교 여행을 갔던 곳인 더베와 루스드라 지역으로 갔다. 이후 바울은 성령님의 인도하심을 받고 유럽 땅으로 선교의 영역을 넓혔다. 현재의 그리스 땅인 마게도냐로 선교지를 확대할 수 있었다.

바나바는 조카를 데리고 구브로 섬으로 갔는데, 구브로는 바로 바나바의 출생지였다. 그의 연고지였던 것이다. 왜 그런지는 알 수 없으나 사도행전은 이후 바나바의 선교에 대해 더 이상 기록하지 않는다. 나중에 마가는 바울의 편지에 등장하는데, 바나바에 대한 기록은 없다.

좋은 결과가 있기는 했다. 바울은 마가가 저지른 한때의 실수를 용납한다. 디모데에게 마가를 데리고 함께 오라고 하면서 그가 자신의 일에 유익하다고 말한다(딤후 4:11). 골로새 교회에 편지를 보내면서도 마가의 문안 인사를 편지 말미에 적는다. 나중에 마가가 골로새 교회에 도착하거든 명을 받은 대로 영접하라고 한다. 바울은 마가와 같은 사람들이 자신에게 위로가 되었다고 말한다(골 4:10~11).

바나바가 자신을 포기하면서까지 세워 준 마가는 나중에 자신의 역할을 다한다. 사실 마가는 초대교회에서 꽤 중요한 역할을 한 사람이다. 마가 요한의 어머니 마리아의 집이 사람들의 집회소로, 가정교회로 쓰였다(행 12:12). 마가는 베드로와도 친분이 있었는데, 나중에 베드로는 '내 아들 마가'라고 부른다(벧전 5:13). 마가는 베드로의 글 쓰는 비서였다고도 알려져 있다. 이 마가가 바로 신약성경의 두 번째 책인 마가복음을 쓴 사람이다. 마가복음은 베드로가 구술하고 마가가 기록한 책이다. 어부였던 베드로가 예수님과 함께 다닌 경험이 잘 담겨 있다.

풍랑이 몰아치는 배 위에서 예수님이 주무셨던 일은 마태와 누가도 기록하고 있지만(마 8:24; 눅 8:23), 뱃사람의 경험을 살려 가장 실감나게 기록한 복음서는 마가복음이다.

> "큰 광풍이 일어나며 물결이 배에 부딪쳐 들어와 배에 가득하게 되었더라 예수께서는 고물에서 베개를 베고 주무시더니"(막 4:37~38상).

베드로의 목격담을 살려서 얼마나 생생하게 묘사하고 있는가? 마가가 베드로의 구체적인 경험담을 잘 받아 적은 것이다.

만일 마가가 한 번의 실수로 인해 선교 팀에서 배제되었다면 오늘날 마가복음이 우리 손에 있었겠는가? 이것이 바로 바나바의 역할이다. 사람을 세워 주고, 한 번 잘못한 사람에게도 선교 팀에서 다시 성과를 내고 인정받을 수 있는 기회를 주는 것이다.

바나바가 남긴 기업은 결국 사람

시편 37편 10~11절에서 다윗이 말한다.

> "잠시 후에는 악인이 없어지리니 네가 그곳을 자세히 살필지라도 없으
> 리로다 그러나 온유한 자들은 땅을 차지하며 풍성한 화평으로 즐거워하
> 리로다."

온유한 자들은 땅을 차지한다고 한다. 예수님이 말씀하신 대로 온
유한 자가 땅을 기업으로 받는다(마 5:5). 땅을 차지하는 사람들은 복
부인이나 부동산 투기를 하는 사람들 아닌가? 온유하다고 땅을 얻을
수 있는가? 하지만 하나님은 온유한 사람이 성과물을 얻을 수 있다
고 분명히 말씀하신다.

바울과 상대할 때도 그랬지만, 바나바는 온유한 사람이었다. 그가
얻은 것은 무엇이었는가? 자신의 땅을 다 팔아 바친 바나바(행 4:37)
는 어떤 땅을 얻었는가? 그가 그렇게 평생을 집착하고 헌신했던 '사
람'이라는 기업을 얻었다. 바로 이것이 우리의 인생에서 확보하기 위
해 노력해야 할 우리의 '땅'이다. 사람보다 더 큰 유산이 어디 있는
가? 바나바는 사람이라는 기업을 얻었다. 또한 무엇보다 풍성한 화
평으로 즐거워했다. 그는 하나님의 진정한 '샬롬'을 얻었다. 투기하
고 움켜쥐는, 땅을 많이 가진 졸부들에게 마음의 평안이 있을까? 사
람이라는 기업을 얻은 온유한 사람보다 더 마음 편하고 즐거운 사람
은 아마 찾아보기 힘들 것이다.

세상 속 고민을 피하지 말고, 가치를 창조하라

아일랜드의 국민적 음료라는 기니스 포터를 만든 젊은 건축가에 대해 들어 봤는가? 다음은 호주 시드니에 있는 몰링 대학교의 전도와 선교학 교수인 마이클 프로스트(Michael Frost)가 쓴《위험한 교회: 후기 기독교 문화에서 선교적으로 살아가는 유수자들》(Dangerous Memories Promises Criticism Songs, SFC, 2009)에 나오는 이야기다.

1759년, 34세의 아서 기니스(Arthur Guinness)는 말을 탄 채 아일랜드 더블린에 있는, 낡고 형편없는 장비를 갖춘 맥주 양조장의 문을 열고 들어갔다. 유산으로 물려받은 100파운드를 계약금으로 주고 1년에 45파운드의 저렴한 임대료로, 거의 영구적으로 양조장을 임대할 수 있었다.

당시 아일랜드의 시골 지역에는 위스키나 진 등이 성행했고 맥주는 거의 알려지지 않았다. 쉽게 살 수 있고 알코올 도수가 높은 독한 술 때문에 알코올 중독과 나태가 사회적인 문제가 되었다. 이런 모습에 문제의식을 느낀 기니스는 하나님 나라에 대해 고민하는 헌신된 크리스천이었다. 당시 아일랜드는 가톨릭 국가였는데, 기니스는 영국 국교인 성공회 신자였다. 그가 보니 거리 모퉁이 곳곳에 술집들이 들어서 있었다. 그 주변을 목적 없이 어슬렁거리며 방황하는, 술에 취한 젊은이들을 보니 너무 안타까웠다. 더블린 시내를 걷던 기니스는 "아일랜드 사회에 만연해 있는 술 취함에 대해 무언가 하게 해 달라"고 하나님께 부르짖었다. 엄청난 부담감을 느낀 이 34세의 젊은이는 아일랜드 사람들이 진정으로 즐길 수 있는 좋은 술을 양조해야겠다고 결심했다.

기니스는 당시에 짐꾼들이 주로 마셨다고 해서 '포터'(porter)라고 불린 맥주를 개발했다. 보리를 탈 정도로 바싹 볶아서 발효시켜 만들기에 짙은 색깔이 나는 흑맥주였다. 풍성한 거품이 나고 감칠맛과 약간 쌉쌀한 맛이 났다. 미네랄과 각종 영양소가 풍부하게 함유되어 있어서 마치 한 끼 식사 같은 맥주였다. 또한 기니스가 만든 맥주는 상당량의 철분을 함유하고 있어서 대부분의 술꾼들이 1ℓ 이상 마시지 못했다고 한다. 위스키나 진보다 적은 알코올을 함유하고 있어서 맥주를 마시고 취하는 사람은 거의 없었다(《위험한 교회》, 378~380쪽).

지금은 세계인들이 기니스 맥주를 마시고 있다. 아일랜드 더블린에 있는 기니스 맥주 공장이 인기 있는 관광 코스가 되기도 했다. 2,000년에 개장한 이후 400만 명 이상이 방문했다고 한다.

목사가 술 만든 사람의 이야기를 하니 의아할 수도 있다. 그러나 기니스의 이야기는, 오늘 우리가 창조주 하나님의 대리인으로서 세상을 변화시키는 일을 하는 데 있어서 중요한 사례라고 생각한다. 주눅 들지 말고 회피하지 말고, 세상과 맞서야 한다. 술을 왜 만드느냐고 하겠지만, 문제가 많은 분야에서 창의성을 발휘하여 대안을 제시하는 일은 정말 멋진 일 아닌가? 당장 술을 없앨 수 없다면, 안 좋은 술을 대체할 수 있는 좋은 술을 만드는 것은 세상을 아름답게 변화시키는 일 아닌가? 요즘 크리스천들에게 이런 도전 정신이 없는 것이 문제다. 크리스천들이 양조 사업 같은 분야에도 뛰어들어서 세상을 변화시킬 수 있어야 한다고 생각한다.

아일랜드 포터를 만든 젊은 건축가 아서 기니스처럼 우리도 하나님 아버지를 따라 가치를 창조할 수 있다. 마음에 부딪혀 오는 세상의 신음 소리를 들어 보라. '어떻게 하면 젊은이들을 술독에서 건져 낼 수 있을까?' 젊은 건축가가 느낀 안타까움과 열정이 결국 이런 놀라운 일을 해냈다.

술 취해 비틀거리는 젊은이들을 보고 피해 가지만 말고, 그들의 안타까움을 느껴 보라. 취업이 자신의 미래의 모든 것이라고 생각하며 불안해하는 청년들의 고민을 지나치지 말아야 한다. 우리는 사람에 집중해야 한다. 다음 세대를 세우는 일을 통해 하나님 나라의 유산을 남기고, 성공적인 계승을 해야 한다.

나의 평생 작품은 무엇인가?

오늘 우리가 남길 유산은 평생의 가치를 추구하여 만들어 낸 작품이라고 할 수 있다. 그런 작품이 당신의 인생에 있는가? 스티븐 헤렉 (Stephen Herek) 감독의 영화 〈홀랜드 오퍼스〉(Mr. Holland's Opus, 1995)는 이런 중요한 질문을 던진다. 영화 속에서 주인공 글렌 홀랜드의 평생 작품(opus)은 무엇인지, 그가 남겨 놓은 유산은 무엇인지, 진지하게 질문을 던진다.

교향곡 작곡가의 꿈을 품고 있던 글렌 홀랜드는 음대를 졸업한 후 종잣돈을 마련하기 위해 4년만 고등학교 음악 교사로 일하려고 했다. 그러나 존에프케네디 고등학교에서 30년을 교사로 지냈고, 결국 그곳에서 정년퇴직을 하게 되었다. 교향곡은 평생 한 곡만 작곡했는데, 악보만 있지 초연(初演)도 할 수 없었다. 아무도 그를 교향곡 작곡가로 인정해 주지 않았다.

퇴임식을 앞두고 홀랜드는 자신의 인생이 실패인가 싶어서 후회가 밀려왔다. 지난 30년을 돌아보면, 자신의 꿈을 좇아가지 못하게 한 상황이 잘못된 선택인 것 같지는 않았다. 음악을 전혀 이해하지 못하는 아이들을 위해 비틀즈의 음악을 다뤘고, 베트남전과 시대적 격변기를 보낼 때는 학생들과 함께 뭔가를 이뤄 보려고 노력했다. 그런데 그가 정년퇴직을 하고 나면 음악 수업이 아예 없어지게 된다. 평소에 사이가 좋지 않던 교감이 교장이 되어 그렇게 결정을 해 버렸다. 어떻게 하든 음악 수업은 살려 보려고 학부모들과 학교 운영 위원들을 만나 봤지만 뜻대로 되지 않았다.

우울한 심정으로 학교를 떠나려고 하는데, 강당이 시끄러웠다. 가서 보니 재학생들과 졸업생들이 모여 홀랜드의 퇴임식을 준비해 놓고 있었다. 학생 때 클라리넷을 배우며 꿈을 품고, 열등감을 극복했던 소녀 거트루드 랭이 주지사가 되어 와서 홀랜드의 퇴임식 축사를 했다.

"선생님은 교향곡 작곡가로 이름을 날리고 싶으셨습니다. 그런데 선생님은 우리에게나 유명하실 뿐입니다. 하지만 실망하지 마세요. 우리가 선생님의 음악입니다. 우리가 바로 홀랜드 선생님이 작곡하신 교향곡입니다. 이제 선생님을 위해 지휘봉을 넘겨드릴 시간입니다."

커튼을 열어젖히니 그곳에 지난 30년간 거쳐 간 제자들이 교향악단을 구성하고 앉아 있는 것이 아닌가! 제자들이 선생님 몰래 선생님이 유일하게 작곡한 교향곡 〈아메리칸 심포니〉의 초연을 준비한 것이다. 영화는 홀랜드의 지휘로 감동적인 음악을 선물하면서 끝난다.

이 영화는 질문을 던진다. 홀랜드가 평생 애써서 만들어 놓은 '작품'은 무엇인가? 그가 하고 싶었던 일, 작곡을 통해 유명해지고 싶었던 그 '교향곡'은 아니라는 것이다. 어쩌면 억지로 하게 된 일, 4년만 하려고 했으나 30년을 하게 된 교사의 일을 통해 남은 그의 '제자들'이 바로 그의 인생의 작품이었다고 영화는 말한다.

결국 사람이 답이다. 홀랜드 선생님은 사람을 남겼다. 오늘 우리도 사람을 남겨야 한다. 하나님 나라를 위해, 세상의 변혁된 일터 문화를 위해 사람을 남겨야 한다. 사람이 진정한 유산이다.

당신은 무엇을 남길 것인가? 당신이 매진하는 인생에서 과연 무엇을 남길 것인가? 일터에서 성과를 내고 프로젝트를 수행하면서 놀라운 업적을 남길 것인가? 일하면서도 결국 사람을 남길 수 있어야 한다. 이런 비전을 함께 나눌 동료와 후배가 일터에 있는가? 자녀들에게 당신이 평생 추구하는 비전이 무엇인지 설명해 주었는가? 그 비전을 보여 주고 있는가? 아이들에게 어떤 직업을 가지라고 강요할 것 없다. 부모인 우리가 남겨 주는 삶의 유산이 있다면, 그것을 통해 우리 아이들은 인생을 멋지게 설계하고 실현해 낼 것이다.

1. 스토리텔링의 시대에는 계승할 때도 이야기가 중요하다. 일터에서, 가정에서, 교회에서 나를 이어 갈 사람들에게 전해 줄 '나의 인생 이야기'를 준비해 보자. 성공한 이야기만 가치 있는 것이 아니다. 실패한 이야기, 아직 계속되고 있는 미완의 이야기를 통해 하나님이 내게 주신 비전을 나눌 수 있다.

2. '말씀'의 유산을 남기기 위해 구체적으로 노력해야 한다. 스마트 시대에는 다음 세대를 위한 더욱 예민하고 각별한 노력이 요구된다. 성경 말씀을 함께 나누며 말씀의 유산을 남겨 줄 방안을 찾아봐야 한다. 스마트폰 앱에 있는 성경 통독 프로그램으로 함께 성경 읽기, 큐티한 내용을 SNS에서 함께 나누기, 화요일과 목요일 저녁에 '화목한 가정 예배 드리기' 등 다음 세대와 공유할 수 있는 다양한 방법을 생각해 보자.

3. 하나님 나라를 위해 '사람'의 기업을 남기도록 구체적으로 노력하자. 일터에서 후배 세우기, 신우회 지도자를 양육하기, 가정에서 자녀와 비전 나누기, 교회에서 다음 세대를 세워 주기 등 '사람 남기기'의 관점으로 1년 계획과 인생 계획을 세워 보자. 그리고 구체적으로 실천하자.

4. 아일랜드 청년들이 술독에 빠져 있는 안타까운 상황을 보고 무언가 하게 해 달라고 하나님께 울부짖었던 사람, 결국 기니스 맥주를 만들어 기여했던 젊은 건축가 아서 기니스를 기억해 보자. 오늘날 '진로와 직업'이라는 함정에 빠져 정상적인 젊은 날을 보내기 힘든 청년들을 향해 나는 어떤 갈망을 갖고 있는가? 우리 젊은이들을 어떻게 도울 수 있을지 기도하고 고민하며, 구체적으로 도울 방법을 찾아보자.